Jean-Jacques Rousseau

Discurso sobre a origem e os fundamentos da desigualdade entre os homens

Tradução de Paulo Neves

www.lpm.com.br

L&PM POCKET

Coleção **L&PM** POCKET, vol. 704

Texto de acordo com a nova ortografia.

Título original: *Discours sur l'origine et les fondements de l'inégalité parmi les hommes*

Primeira edição na Coleção **L&PM** POCKET: junho de 2008
Esta reimpressão: novembro de 2019

Tradução: Paulo Neves
Capa: Ivan Pinheiro Machado
Preparação: Lia Cremonese
Revisão: Elisângela Rosa dos Santos

CIP-Brasil. Catalogação na Fonte
Sindicato Nacional dos Editores de Livros, RJ.

R77d

Rousseau, Jean-Jacques, 1712-1778
Discurso sobre a origem e os fundamentos da desigualdade entre os homens / Jean-Jacques Rousseau; [introdução de João Carlos Brum Torres]; tradução de Paulo Neves. – Porto Alegre, RS: L&PM, 2019.
176p.; 18 cm. (Coleção L&PM POCKET ; v. 704)

ISBN 978-85-254-1771-8

1. Igualdade. 2. Direito natural. 3. Filosofia francesa. I. Neves, Paulo. II. Título. II. Série.

08-1635. CDD: 194
CDU: 1(44)

Rua Comendador Coruja, 314, loja 9 – Floresta – 90.220-180
Porto Alegre – RS – Brasil / Fone: 51.3225.5777

Pedidos & Depto. Comercial: vendas@lpm.com.br
Fale conosco: info@lpm.com.br
www.lpm.com.br

Impresso no Brasil
Primavera de 2019

Jean-Jacques Rousseau
(1712-1778)

Jean-Jacques Rousseau nasceu em 28 de junho de 1712 em Genebra (Suíça), em uma família de origem francesa. Sua mãe morreu logo após o nascimento, de complicações no parto. Aos dez anos, foi abandonado pelo pai, ficando aos cuidados de tios que o criaram na tradição protestante. Ainda jovem, tomou gosto por histórias romanescas e pela leitura de Plutarco. Aos dezesseis anos deixou sua cidade natal e viajou por diversos países. Tornou-se secretário e protegido de madame Louise de Warens, mulher rica que teve uma profunda influência em toda a vida do escritor. Em 1742, radicou-se em Paris, onde trabalhou como professor, copista e secretário de um embaixador. Inventou um sistema de notação musical e fez-se conhecer como compositor da ópera *As musas galantes*. Fez amizade com o filósofo francês Denis Diderot, que lhe convidou a colaborar para a prestigiosa *Enciclopédia*, primeiramente escrevendo sobre música; mas o mais famoso dos seus artigos acabou sendo sobre política econômica. Em 1750, foi premiado pela Academia de Dijon pelo *Discurso sobre as ciências e as artes*.

O *Discurso sobre a origem da desigualdade* (1755) exerceu uma grande influência sobre o pensamento político da época e fundou a reputação do autor. De espírito sistemático e caráter apaixonado, Rousseau elaborou uma doutrina segundo a qual o homem é um ser naturalmente bom, cuja bondade foi corrompida pela sociedade; portanto é preciso, sempre que possível, voltar à virtude primitiva. Resultou daí, no escritor, um vivo sentimento da natureza e um amor à solidão que mais tarde se acentuaria. Fiel a seu sistema, rejeitou os refinamentos da civilização, condenando o teatro na *Carta a d'Alembert sobre os espetáculos* (1758), que lhe retirou a amizade dos filósofos.

No meio de disputas e acusações, ele escreveu suas obras-primas: *A nova Heloísa* (1761) – romance epistolar de um retorno à vida natural, que teve um imenso sucesso; *O contrato social* e *Emílio* (1762), sendo o primeiro fruto da preocupação em esclarecer seu ideal político-educacional, e o segundo, obra pedagógica cujas ideias religiosas foram imediatamente condenadas, o que o obrigou a anos de errância. Vivendo desde então atormentado pela ideia de um complô dirigido contra ele e desejando, graças à confissão de seus erros, justificar-se perante a posteridade, redigiu (de 1765 a 1770) as *Confissões* (póstumas, 1782 e 1789) e evocou suas lembranças em *Os devaneios do caminhante solitário*, compostos de 1776 até sua morte. Nessas duas obras, Rousseau renovou suas ideias na área da política e da educação, propôs novos temas em literatura, prenunciou as grandes mudanças políticas da Revolução Francesa e o romantismo. Foi também o primeiro escritor moderno a atacar a instituição da propriedade privada, e por isso é considerado um precursor do socialismo moderno.

Após passar pela Inglaterra e pela Prússia, regressou à França em 1768, sob o falso nome de Renou. Nesse mesmo ano, casou-se com Thérese le Vasseur. Morreu em 2 de julho de 1778, em Ermenonville, na França.

Livros do autor na Coleção **L&PM** POCKET:

O contrato social
Os devaneios do caminhante solitário
Discurso sobre a origem e os fundamentos da desigualdade entre os homens

Leia também na Série **L&PM** POCKET **ENCYCLOPAEDIA**:

Rousseau

SUMÁRIO

INTRODUÇÃO

*João Carlos Brum Torres**

No balanço autobiográfico das *Confissões*, Rousseau relata que, em 1753, ao tomar conhecimento do programa lançado pela Academia de Dijon propondo um prêmio a quem melhor respondesse à questão sobre "qual a fonte da desigualdade entre homens e se ela é autorizada pela lei natural"[1], sentiu-se perplexo, tocado pela grandeza da questão, bem como pela ousadia da instituição que publicamente a lançara. E imediatamente acrescentou: "mas já que ela tivera essa coragem, eu bem podia ter a de discuti-la, e pus-me à obra.".[2] Foi dessa disposição que resultou sem tardança a redação do *Discurso sobre a origem e os fundamentos da desigualdade entre os homens*, conhecido como o *Segundo discurso*[3], o qual, concluído em junho de 1754, foi publicado no ano seguinte, por Marc-Michel Rey, livreiro e editor em Amsterdã.

A despeito de que o ensaio não tenha ganho o prêmio e que as atas da Academia de Dijon registrem que ele nem

---

* João Carlos Brum Torres é professor, doutor em Ciência Política e autor do livro *Transcendentalismo e Dialética* (L&PM, 2005).

1. O prêmio – intitulado *Prêmio de Moral para o ano de 1753* – era de "uma medalha de ouro no valor de trinta pistolas", e "seria adjudicado a quem melhor resolvesse o problema seguinte: Qual é a fonte da desigualdade entre os homens e se ela é autorizada pela lei natural." Cf. Rousseau, *Oeuvres Complètes*, III, Paris, Gallimard, 1964, p. 1300, nota à página 129 do mesmo volume.

2. V. Jean-Jacques Rousseau, *As confissões*, tradução de Rachel de Queiroz, Atena Editora, São Paulo, 1953, vol. 2, p. 178.

3. *Segundo* em relação ao *primeiro*: o *Discurso sobre as ciências e as artes*, de 1750, que Rousseau escrevera para um outro concurso, em que fora vitorioso, também promovido pela Academia de Dijon e que tivera como questão diretriz a que interrogava "Se o restabelecimento das ciências e das artes contribuiu para melhorar os costumes".

mesmo teve "sua leitura concluída em razão de sua extensão e de sua má tradição"[4], não há risco de exagero em afirmar que esta foi e é uma obra de importância histórica absolutamente maior, decisivamente conformadora do imaginário social moderno, referência fundamental da cultura política em que até hoje vivemos.

Com essa declaração não se faz referência a fatos como o registrado por Claude Lévi-Strauss, para o qual Rousseau "foi o criador da etnologia (...) ciência que ele concebeu, cuja existência desejou e que anunciou um bom século antes que ela fizesse sua aparição no mundo".[5] Nem propriamente a avaliações como a de Cassirer de que "a doutrina de Rousseau não é objeto de mera curiosidade acadêmica", sendo antes "um meio inteiramente contemporâneo de considerar problemas", de sorte que "seu *conteúdo* não perdeu nada de sua atualidade."[6]

Na verdade, ao afirmarmos a importância absolutamente ímpar do *Ensaio* temos em vista fenômenos ideológicos de uma outra profundidade, relacionados com o papel central cumprido por esta obra com relação às duas grandes matrizes do pensamento cultural e político que vieram a constituir a dimensão crítica da época moderna.

---

4. O prêmio foi atribuído a François Xavier Talbert, vigário geral de Lesear. V. J.-J. Rousseau, *Obras I*, tradução de Lourival Gomes Machado, Porto Alegre, 1958, p. 148. Cf. Jean Starobinski, Introdução ao *Discurso sobre a origem e os fundamentos da desigualdade entre os homens*, in Rousseau, *Ouvres Complètes*, III, p. XLII; também em Jean Starobinski, *Jean-Jacques Rousseau – A transparência e o obstáculo*, Companhia das Letras, São Paulo, 1991, p. 288.

5. V. Claude Lévi-Strauss, *Jean-Jacques Rousseau, fondateur des sciences de l'homme*, tradução para o espanhol em Claude Lévi-Strauss, J. Derrida, M. Blanchot, L. Althusser, P. Hochart, M. Françon, M. Guéroult, J.C. Pariente, R. Colangelo, *Presencia de Rousseau*, Nueva Visión, Buenos Aires, 1972, p. 9.

6. V. *A questão de Jean-Jacques Rousseau*, in Célia Galvão Quirino e Maria Teresa Sadek R. de Souza, *O pensamento político clássico – Maquiavel Hobbes, Locke, Montesquieu, Rousseau*, TAQ, São Paulo, 1980, p. 380.

A primeira dessas matrizes é a da denúncia das desigualdades econômicas, sociais e políticas existentes entre os homens, as quais, a partir das análises apresentadas no *Discurso sobre a origem e os fundamentos da desigualdade*, passaram a ser explicadas em função da problemática instituição da propriedade privada. A segunda é a antecipação do que viria a ser o pensamento crítico sobre a própria ideia de civilização, cuja expressão mais clara só viria a se consolidar bem mais tarde, quando já avançado o século XX, e que se consubstanciaria na ideia de que os progressos alcançados pelos homens ao longo do tempo, a própria civilização, por assim dizer, em si mesma e na sua dimensão mais íntima, é malignamente ambígua, portadora de uma dimensão destrutiva, que a faz perigosa e sempre virtualmente perversa.

O reconhecimento do papel decisivo do *Segundo discurso* e, em geral, da obra rousseauniana, na conformação do imaginário crítico da modernidade pode ser expresso mais diretamente se dissermos que Rousseau é o *fundador* das duas principais linhagens do pensamento crítico, que caracterizam essa época histórica. Com relação à primeira delas, basta notar a óbvia vinculação do *igualitarismo moral* do *Segundo discurso* à tradição socialista, a Babeuf[7], a Proudhon[8] e ao dito *socialismo científico* de Marx e seus herdeiros. No segundo caso, é preciso ver que o elogio da natureza e a denúncia da *queda* moral provocada pelo surgimento da civilização – feitas tanto no texto aqui comentado, quanto no *Discurso sobre as ciências e as artes* – é a peça de

7. François Noël Babeuf (1760-1797), conhecido pelo nome de Gracchus Babeuf, foi um jornalista que participou da Revolução Francesa. Foi executado por seu papel na Conspiração dos Iguais. Embora os termos socialismo e comunismo não existissem na época em que viveu, eles foram usados posteriormente para descrever suas ideias.

8. Pierre-Joseph Proudhon (1809/1865) foi um publicista, economista, sociólogo e socialista françês, o primeiro a se dizer anarquista. Proudhon é célebre por sua famosa frase "a propriedade é um roubo".

abertura da tradição na qual se enquadram tanto a sombria meditação heideggeriana sobre a técnica, quanto a crítica da Escola de Frankfurt ao Iluminismo e à ideia de dominação que lhe seria inerente. Neste caso, a tese fundamental é a de que o desenvolvimento das capacidades e dos poderes técnicos inerentes à civilização se encontra na origem de um irremediável conflito entre o homem e a natureza, cujos resultados são profundamente danosos a ambos.

É claro que o reconhecimento desses antecedentes conceituais e doutrinários não implica que os pensadores que, sucedendo a Rousseau, constituíram essas duas grandes tradições do pensamento crítico se tenham limitado a repetir-lhe as análises, ou que sequer concordem com as posições de Rousseau. Na verdade, não se pode dizer nem mesmo que suas respectivas obras tenham expressamente reconhecido o legado rousseauniano, pois o que vemos no mais das vezes é antes a simples continuidade de uma mesma ordem de preocupações e de uma inspiração crítica que se mantém reconhecível a despeito das muitas modulações. No caso do marxismo, aliás, isto é bem típico, pois não obstante Engels, depois de citar longamente o *Segundo discurso*, tenha podido dizer que ali "encontramos não só uma linha de pensamento à que corresponde exatamente a desenvolvida em *O capital*, mas também toda uma série de giros dialéticos de que se vale Marx: processos por natureza antagônicos, prenhes de contradições, contendo a transmutação de um extremo em seu contrário e, finalmente, o ponto nevrálgico de toda a questão, a negação da negação"[9], a verdade é que as manifestações expressas de Marx sobre Rousseau são, no mais das vezes, sarcásticos reproches ao caráter abstrato de sua crítica à sociedade capitalista e ao que há de parcial e ilusório no programa de emancipação

9. V. Anti-Dühring, in http://www.marxists.org/portugues/marx/1877/anti-duhring/cap13.htm. (tradução modificada).

simplesmente política apresentado no *Contrato social*.[10] Do mesmo modo, é quase impossível encontrar entre os autores da Escola de Frankfurt, ou na obra heideggeriana, mais do que escassíssimas menções ao nome de Rousseau. Todavia, a despeito da falta de reconhecimento, a verdade é que Rousseau ocupa uma posição fundadora dentro da tradição de pensamento em que os pensadores recém aludidos se enquadram, admitam e queiram eles isso ou não.[11]

*

Pode-se dizer que os atos instituidores do que viria a ser o pensamento socialista, Rousseau os perfaz principalmente na segunda parte do *Discurso*, quando aprofunda a análise sobre as origens do que ali é designado como desigualdade *moral*, expressão que manifestamente abrange aspectos econômico-sociais, jurídicos e institucionais das diferenciações existentes entre os homens.

O procedimento analítico adotado no *Discurso* é então o de uma cuidadosa reconstituição genealógica, feita, como diz Rousseau expressamente, à distância da série de fatos históricos positivos, mas atenta à sequência lógica das mudanças pelas quais, em tempos e lugares diversos, os homens necessariamente passaram durante o período de progresso histórico e avanço civilizacional. O que mais ressalta no desdobramento dessa operação reconstrutiva é que tais avanços e progressos estiveram sempre inextricavelmente associados ao agravamento da monstruosa desfiguração da

---

10. Cf. Galvano della Volpe, *Rousseau e Marx*, tradução para o espanhol publicada por Ediciones Martinez de Roca, Barcelona, 1969, p. 70 e *passim*. V. também Jean-Louis Lecercle, *Rousseau et Marx*, in R. A. Leigh (ed.) *Rousseau after 200 years – Proceedings of the Cambridge Bicentennial Coloquium*, Cambridge University Press, 1982, p. 67 e seg.

11. Um livro recente de Andrew Biro, intitulado *Desnaturalizando a política ecolológica*: a alienação da natureza de Rousseau até a Escola de Frankfurt e além dela (Toronto UniversityPress, 2005), cuida justamente de explicitar os momentos principais dessa tradição.

vida social que é a desigualdade. E esta última – entendida, como já mencionado, como desigualdade econômica, social e jurídica – é geneticamente explicada pela instituição da propriedade privada, a qual é atribuída, convém repetir, o papel determinante na constituição da história humana como um processo ao mesmo tempo materialmente exitoso e moralmente catastrófico. A frase de abertura da segunda parte do *Discurso* diz, com efeito, o seguinte:

> O primeiro que, ao cercar um terreno, teve a audácia de dizer *isto é meu* e encontrou gente bastante simples para acreditar nele foi o verdadeiro fundador da sociedade civil. Quantos crimes, guerras e assassinatos, quantas misérias e horrores teria poupado ao gênero humano aquele que, arrancando as estacas e cobrindo o fosso, tivesse gritado a seus semelhantes: "Não escutem a esse impostor! Estarão perdidos se esquecerem que os frutos são de todos e a terra é de ninguém". (p. 80)

As causas, pois, de incontáveis crimes, guerras, assassinatos, misérias e horrores que desfiguram a vida em sociedade tal como a conhecemos, se encontra, diz-nos o texto, nessa instituição perigosa e letal.

Para bem avaliar o conteúdo e a importância dessa tese é preciso ter bem presente, no entanto, o estado em que, segundo Rousseau, se encontrava o homem em suas origens, antes que o progresso da civilização o tivesse precipitado nessa nova e perversa situação. A verdade, segundo a lição do *Discurso*, é que originalmente os homens eram iguais e viviam em uma situação de independência recíproca e ausência de conflitos, protegidos pela interação rara e escassa, que naturalmente os afastava dos sentimentos de autoconsideração, de estima ou desprezo pelos outros, assim como da distinção entre o meu e o teu. Em tal condição, nesse estado de natureza, explica-nos o *Discurso*, "não tendo (...) nenhuma espécie de relação moral nem deveres conhecidos, não podiam ser bons nem maus e não tinham nem vícios nem virtudes" (p. 68). Além disso, continua o texto, nesse estado primitivo o sentimento natural da piedade nos leva a "socorrer aqueles que vemos sofrer" e, assim, concorre "para a conservação mútua de toda a espécie", desse modo ocupando "o lugar das leis, dos costumes e da virtude, com a vantagem de ninguém sentir-se tentado a desobedecer à sua doce voz." (p. 72).

É, pois, esse estágio de inocência original que será rompido pela instituição da propriedade privada e da desigualdade *moral*, para usar a terminologia do *Discurso*, a qual fará com que a desigualdade *natural* de capacidades e talentos, insignificante no primitivo estado de natureza, passe a ter enormes consequências para a vida social dos homens. Convém notar, porém, que a análise de Rousseau é muito menos simples do que o esquemático resumo que dela estamos a fazer pode sugerir, eis que o *Discurso* enfatiza que "a ideia de propriedade (...) não se formou de repente no espírito humano" (p. 80), devendo ser vista antes como o resultado de uma evolução histórica lenta, cuja estrutura geral a segunda parte do *Discurso* cuidará justamente de pôr à luz.

Reconstituir pormenorizadamente as análises rousseaunianas nos levaria demasiado longe, mas podemos pelo menos registrar que, provido da capacidade de aperfeiçoar-se – capacidade de resto única dentre todas as espécies que constituem o reino animal –, o homem primeiro faz de paus e pedras as primeiras armas, depois, conforme às diferenças de terras e climas, faz da coleta e da caça as supridoras de alimentos, vestes e abrigos, assim como descobre o modo de dominar o fogo. Nesse período têm lugar também os primeiros processos de colaboração que ensejaram a formação da linguagem, a colaboração em empresas como a caça coletiva, a construção de casas e, ainda, no plano psicológico, o surgimento de novos sentimentos como o amor, do qual decorrerá forçosamente a criação de novas realidades sociais, como a constituição das famílias. No início dessas transformações tem-se o que Rousseau denomina *A juventude do mundo*, época em que os inegáveis progressos e melhoras alcançados com a superação do estágio animal da humanidade primitiva, lançam, por outro lado, os germens das perversões sociais do futuro.

A entrada firme na rota de perdição só veio a ter lugar, porém, posteriormente, quando, diz Rousseau, foram deixados para trás os "trabalhos que um só podia fazer e as artes que não precisavam do concurso de várias mãos" (p. 88) e "*se percebeu que era útil a um só ter provisões para dois*". Este passo desastroso e decisivo, do qual resultou a própria instituição da propriedade privada como condicionante e base da divisão social do trabalho, a humanidade o deu, diz Rousseau, quando foram inventadas as artes da *agricultura* e da *metalurgia*, uma vez que o desenvolvimento de ambas depende da interação e da cooperação entre os homens. A calamitosa consequência, diz o *Discurso*, é que "o ferro e o trigo que civilizaram os homens e (...) puseram a perder o gênero humano." (p. 89)

Com efeito, prossegue a análise, "do cultivo das terras, seguiu-se necessariamente a sua divisão; e da propriedade, uma vez reconhecida, as primeiras regras de justiça. Para dar a cada um o que é seu, é preciso que cada um possa ter alguma coisa." (p. 90-91) O verdadeiro desastre só veio a ocorrer, porém, quando, neste novo contexto moral e institucional, as desigualdades naturais entre os homens – as desigualdades de força, destreza, astúcia e inteligência – adquiriram consequências que no estágio anterior da história humana elas não podiam ter. Foi somente nesse novo estágio e sob essas novas condições que aqueles que a natureza melhor dotara passaram a tirar vantagem dessas diferenças até então insignificantes e passaram a acumular maiores riquezas e poderes, passando a dominar aos que, desprovidos desses acúmulos de bens, passaram a deles depender. Assinale-se que o resultado desse movimento foi, contudo, algo paradoxal, pois formou-se, assim, uma dependência *mútua*, eis que o rico passa então a ter necessidade do pobre, tanto quanto este encontra no rico o seu socorro. Em consequência, diz ainda o *Discurso*, é preciso que o rico procure incessantemente interessar aos pobres de modo a fazer com que estes "encontrem alguma vantagem, de fato ou aparentemente, em trabalhar para si próprio." (p. 92)

Aflito e inseguro com os inevitáveis e constantes antagonismos e confrontos decorrentes dessa nova situação, o rico, diz-nos Rousseau, concebeu então a argutíssima ideia de formação de um poder comum, cuja lógica era a de "empregar a seu favor as forças daqueles mesmos que o atacavam" (p. 95), de onde então surgiram as primeiras formações estatais, as quais embora alegadamente erguidas para defesa do interesse de todos, de fato estavam a serviço dos mais ricos e poderosos.

Ora, não precisamos continuar com a resenha das teses principais do *Discurso* para percebermos quão evidente é a continuidade que há entre essas análises rousseaunianas e o que viria a ser no futuro mais ou menos imediato a cultura e a tradição do moderno pensamento socialista e libertário. Isto quer dizer que não é preciso mais do que uma evocação curta de alguns dos principais motes e textos do *Discurso* para comprovar nossa afirmação inicial de que Rousseau ocupa uma posição fundadora com relação a primeira das vertentes críticas da cultura política moderna.

*

Resta-nos, porém, a tarefa de mostrar que também com relação à *segunda* das tradições críticas da modernidade – a que insiste no caráter perverso do conflito entre homem e natureza trazido pela civilização enquanto tal – também encontra suas raízes no pensamento de Rousseau.

Um primeiro modo de comprovar esta segunda tese pode estar simplesmente no registro, por um lado, dos elogios que Rousseau faz ao estado de natureza, à sua concepção de que ele é um estado de autossuficiência e inocência. A mesma ideia se encontra em suas críticas aos malefícios trazidos pelos avanços da civilização – seja os malefícios objetivos, como a competição entre os homens, a submissão de uns a outros, a exploração que vicia os processos de divisão social do trabalho e cooperação entre eles; seja os subjetivos, como os sentimentos do amor próprio, da inveja, do ciúme, da ânsia de poder, da cupidez, da dissimulação e da falsidade.

No entanto, é preciso enfatizar que Rousseau não alimenta o anelo de uma volta idílica à feliz situação de que partimos, parecendo-lhe vão todo desejo de retorno ao estado de natureza. É em uma passagem de outro dos escritos autobiográficos, de *Rousseau, juiz de Jean-Jacques*, que se encontra a formulação mais clara desse ponto:

> Mas a natureza não retroage e não voltaremos aos tempos da inocência e da igualdade uma vez que deles nos tivermos afastado[...] Assim seu propósito [de Rousseau] não era o de reconduzir nem a povos populosos, nem aos grandes Estados à sua primitiva simplicidade, mas somente o de deter, se fosse possível, os progressos daqueles cuja diminuta dimensão e circunstâncias havia preservado de uma marcha igualmente rápida para a perfeição da sociedade e para a deterioração da espécie. Estas distinções precisavam ter sido feitas e não o foram. Obstinam-se em acusá-lo de querer destruir as ciências, as artes, os teatros, as academias e de novo mergulhar o universo na barbárie dos primeiros tempos, embora ele tenha, ao contrário, insistido na conservação das instituições existentes, sustentando que a destruição delas só faria retirar os paliativos, conservando os vícios, substituindo assim o banditismo à corrupção.[12]

---

12. V. J.-J. Rousseau, *Rousseau juge de Jean-Jacques*, in *Oeuvres complètes de J.J. Rousseau avec les notes de tous les commentateurs / nouv. éd. ornée de quarante-deux vignettes, gravées par nos plus habiles artistes, d'après les dessins de Devéria*, Chez Dalibon Libraire, à Paris, MDCCCXXI, *Dialogues*, vol. XIX, tome II, p. 33-4, *apud* Gallica, http://visualiseur.bnf.fr/CadresFenetre?O=NUMM-205188&I=4&M=notice.

Vê-se, assim, que a crítica de Rousseau aos malefícios da civilização, não estando comprometida com nenhum projeto de retorno ao estado de natureza, nada tem de utópica. Há nela, por certo, uma espécie de lamento, conjugado, porém, com o reconhecimento do que Derrida chama a *lógica da suplência*, isto é, a ideia de que a aceleração do mal encontra seu anteparo e sua compensação na própria história.[13] O que é dizer, conforme o mesmo autor, que:

> A história precipita a história, a sociedade corrompe a sociedade, mas o mal que as estraga tem também sua suplência natural: a história e a sociedade produzem sua própria resistência ao abismo.[14]

Não se tome, porém, a visão de que certos valores naturais são preservados por instrumentos institucionais que, por assim dizer, os protegem nem como um automatismo histórico, nem como uma renúncia a um ponto de vista normativo na apreciação dos negócios humanos. Muito ao contrário, Rousseau tem a construção desses remédios não apenas como dependente da decisão e da resoluta ação dos homens, mas, ademais, como constitutivamente instáveis, sujeitos a novas quedas e perversões. Assim, para dar um único exemplo, o *contrato social* e as *leis* – se forem realizados segundo as regras e exigências que os fazem rigorosamente um contrato verdadeiramente *social* e leis que autenticamente o sejam, e não, nos dois casos, suas frequentes contrafações – podem sim reconstituir entre os homens um sucedâneo equivalente à igualdade natural. Mas o Estado que resulta do primeiro, e que é fonte e condição das segundas, encontra-se, porém, sujeito e ameaçado pela destruição, como, aliás, Rousseau expressamente adverte no capítulo XI do Livro III do *Contrato social*, intitulado, justamente, "Da morte do corpo político".

---

13. V. Jacques Derrida, *Gramatologia*, trad. de Miriam Schnaiderman e Renato Janine Ribeiro, Editora Perspectiva, São Paulo, 1973, p. 218.

14. Id.; tradução ligeiramente modificada.

É preciso entender, no entanto, que nem o reconhecimento da inelutabilidade da saída do estado de inocência original, nem a irreversibilidade desse processo, retiram da natureza, segundo Rousseau, a condição de referência permanente quer para a ação política dos homens, quer para o desdobramento de sua vida individual e afetiva. Neste sentido, a natureza e o natural são para Rousseau, indubitavelmente, o metro permanente com base no qual é sempre possível tomar a medida da correção e do extravio em que coletiva ou individualmente vivemos.

*

Antes de terminar esta apresentação, convém ainda alertar ao leitor deste livro extraordinário que, como diz Jean Starobinski, renomado intérprete do *Discurso*, Rousseau o *preludia solenemente*[15], eis que o apresenta precedido de uma *dedicatória,* de um *prefácio* e de um *exórdio*, cada qual provido de interesse próprio, mas que retardam a entrada no coração apaixonado e apaixonante do livro. Com efeito, a primeira faz o elogio à terra natal de Rousseau, a ali idealizada Genebra; o segundo apresenta a estrutura do ensaio e o método que será seguido; e por fim o exórdio ou introito apresentará formalmente o enunciado do problema que será tratado. Este início, que parece ter sido tornado lento intencionalmente – ainda que não seja assim expressamente reconhecido –, parece, todavia, uma preparação bem adequada aos arrebatamentos que virão, às intensidades emocionais, literárias e conceituais que fizeram, que fazem e que farão deste ensaio um dos monumentos da inteligência humana em qualquer tempo.

Maio de 2008

---

15. Op. cit., LII e 295.

Discurso sobre a origem e os fundamentos da desigualdade entre os homens

POR JEAN-JACQUES ROUSSEAU,
CIDADÃO DE GENEBRA.

Non in depravatis, sed in his quae bene secundum naturam se habent, considerandum est quid sit naturale [O que é natural, não busquemos nos seres depravados, mas naqueles que se comportam de acordo com a natureza].

ARISTÓTELES, *Política*, I, v, 1254 a.

DEDICATÓRIA
À REPÚBLICA DE GENEBRA

MAGNÍFICOS, HONRADÍSSIMOS E SOBERANOS SENHORES

CONVENCIDO DE QUE apenas ao cidadão virtuoso cabe prestar à sua pátria honras que ela pode reconhecer, há trinta anos trabalho por merecer vos prestar uma homenagem pública; e, como esta feliz ocasião supre em parte o que meus esforços não puderam fazer, acreditei que me seria permitido invocar, aqui, mais o zelo que me anima do que o direito que deveria autorizar-me. Tendo tido a felicidade de nascer entre vós, como poderia eu meditar sobre a igualdade que a natureza estabeleceu entre os homens e sobre a desigualdade que eles instituíram, sem pensar na profunda sabedoria com a qual uma e outra, tão bem-combinadas nesse Estado, concorrem, da maneira mais próxima à lei natural e mais favorável à sociedade, para manter a ordem pública e a felicidade dos indivíduos? Ao buscar as melhores máximas que o bom-senso pode ditar sobre a constituição de um governo, fiquei tão impressionado de vê-las todas em execução no vosso que, mesmo se não tivesse nascido dentro de vossos muros, não poderia deixar de oferecer este quadro da sociedade humana àquele que, de todos os povos, parece-me possuir as maiores vantagens e ter melhor prevenido seus abusos.

Se tivesse que escolher o lugar de meu nascimento, escolheria uma sociedade de um tamanho limitado pela extensão das faculdades humanas, isto é, pela possibilidade de ser bem governada, e na qual cada um, cumprindo seu encargo, não fosse compelido a incumbir outros das funções de que foi encarregado; um Estado onde todos os indivíduos se conhecessem entre si, onde as manobras obscuras do vício ou a modéstia da virtude não pudessem se furtar aos olhares e ao julgamento do público, e onde o doce hábito de se ver e de se conhecer fizesse do amor à pátria o amor aos cidadãos mais do que o amor à terra.

Desejaria nascer num país onde o soberano e o povo não pudessem ter senão um único e mesmo interesse a fim de que todos os movimentos da máquina jamais tendessem senão à felicidade comum; como isso não pode ocorrer a menos que o povo e o soberano sejam a mesma pessoa, segue-se que eu desejaria nascer sob um governo democrático, sabiamente equilibrado.

Desejaria viver e morrer livre, isto é, submetido de tal maneira às leis que nem eu nem ninguém pudesse sacudir esse honroso jugo, jugo salutar e suave que as cabeças mais altivas suportam com docilidade quando foram feitas para não suportar nenhum outro.

Portanto, desejaria que ninguém no Estado pudesse considerar-se acima da lei e que ninguém de fora pudesse impor-se, obrigando o Estado a reconhecê-lo. Pois, não importa a constituição de um governo, se nele houver um único homem não submetido à lei, todos os outros estarão necessariamente à mercê deste[I1]. E, se houver um chefe nacional e um outro estrangeiro, não importa a divisão de autoridade que possam fazer, é impossível que ambos sejam igualmente obedecidos e que o Estado seja bem governado.

De modo nenhum desejaria viver numa república recém-instituída, ainda que tivesse boas leis, por temor

1. Ver adiante a Advertência de Rousseau sobre as notas (p.40), colocadas no final do Discurso. (N.T.)

de que o governo, talvez constituído de modo diferente do que caberia para o momento, não conviesse aos novos cidadãos, ou os cidadãos ao novo governo, expondo-se o Estado a ser abalado e destruído quase desde o seu nascimento. Pois acontece com a liberdade o mesmo que com os alimentos sólidos e suculentos, ou os vinhos generosos, que alimentam e fortalecem os temperamentos robustos habituados a eles, mas que abatem, arruínam e embriagam os fracos e delicados não afeitos a esse hábito. Os povos, uma vez acostumados a ter senhores, não conseguem mais viver sem eles. Se tentam sacudir o jugo, afastam-se de tal maneira da liberdade que, tomando em relação a ela uma licença que lhe é oposta, suas revoluções quase sempre os entregam a sedutores que apenas agravam suas correntes. O próprio povo romano, modelo de todos os povos livres, não foi capaz de governar-se ao sair da opressão dos Tarquínios. Aviltado pela escravidão e pelos trabalhos ignominiosos que estes lhe haviam imposto, foi preciso, no começo, dirigir e governar com a maior sabedoria uma populaça estúpida a fim de que, com o costume de respirar aos poucos o ar salutar da liberdade, essas almas enfraquecidas, ou mesmo embrutecidas sob a tirania, adquirissem gradativamente a severidade de costumes e a altivez de coragem que por fim formaram o mais respeitável de todos os povos. Assim, eu buscaria como pátria uma tranquila e feliz república cuja antiguidade se perdesse, de certo modo, na noite dos tempos, que só tivesse sofrido golpes capazes de manifestar e fortalecer em seus habitantes a coragem e o amor à pátria, e onde os cidadãos, acostumados de longa data a uma sábia independência, fossem não apenas livres, mas dignos de sê-lo.

Desejaria escolher para mim uma pátria afastada, por uma feliz impotência, do amor feroz às conquistas e garantida, por uma situação ainda mais feliz, contra o temor de tornar-se ela própria a conquista de um outro

Estado: uma cidade livre situada entre vários povos, nenhum deles tendo interesse de invadi-la, e cada um deles tendo interesse de impedir os outros de invadi-la. Enfim, uma república que não tentasse a ambição dos vizinhos e que pudesse razoavelmente contar com a ajuda deles, se necessário. Segue-se que, numa posição tão favorável, ela nada teria a temer senão a si mesma, e o adestramento dos cidadãos nas armas serviria antes para manter o ardor guerreiro e a altivez de coragem, que combinam tão bem com a liberdade e alimentam o gosto por ela, do que para prover a própria defesa.

Buscaria um país onde o direito de legislação fosse comum a todos os cidadãos; pois quem, melhor do que eles, pode saber sob que condições lhes convém viver juntos numa mesma sociedade? Mas não aprovaria plebiscitos como os dos romanos, em que os chefes do Estado e os mais interessados em sua conservação eram excluídos de deliberações das quais dependia com frequência sua salvação e em que, por uma absurda inconsequência, os magistrados eram privados dos direitos usufruídos pelos simples cidadãos.

Ao contrário, desejaria que, para barrar os projetos interessados e malconcebidos, e as inovações perigosas que acabaram pondo a perder os atenienses, ninguém tivesse o poder de propor novas leis segundo seu capricho; que esse poder pertencesse apenas aos magistrados; que eles o usassem mesmo com circunspecção, cabendo ao povo apenas dar o consentimento a essas leis, sua promulgação só podendo ser feita com solenidade; assim, antes de a constituição ser abalada, haveria tempo de convencer-se de que é sobretudo a grande antiguidade das leis que as torna sadias e veneráveis; pois o povo logo despreza as que ele vê mudar todos os dias, e quando o acostumam a negligenciar as antigas práticas, sob pretexto de melhorá-las, geralmente se introduzem grandes males para corrigir outros menores.

Evitaria sobretudo, como necessariamente mal governada, uma república em que o povo, acreditando poder dispensar seus magistrados ou deixar-lhes apenas uma autoridade precária, assumisse imprudentemente a administração dos assuntos civis e a execução de suas próprias leis; tal deve ter sido a grosseira constituição dos primeiros governos que saíram imediatamente do estado de natureza, e tal foi também um dos vícios que puseram a perder a república de Atenas.

Mas escolheria aquela na qual os indivíduos, contentando-se em dar sanção às leis e em decidir em grupo, com base no parecer dos chefes, os mais importantes assuntos públicos, estabelecessem tribunais respeitados, distinguindo com cuidado seus diversos departamentos, elegessem, de ano em ano, os mais capazes e os mais íntegros de seus concidadãos para administrar a justiça e governar o Estado, e na qual a virtude dos magistrados testemunhasse a sabedoria do povo, uns e outros honrando-se mutuamente. De modo que, se alguma vez mal-entendidos funestos viessem a turvar a concórdia pública, esses períodos de cegueira e de erros fossem marcados, mesmo assim, por testemunhos de moderação, de estima recíproca e de um respeito comum às leis, como presságios e garantias de uma reconciliação sincera e perpétua.

Tais são, *Magníficos, Honradíssimos e Soberanos Senhores*, as vantagens que eu buscaria na pátria que tivesse escolhido. E, se a Providência tivesse acrescentado ainda uma situação encantadora, um clima temperado, uma terra fértil e a paisagem mais deliciosa que existe sob o céu, eu não desejaria, para completar minha felicidade, senão gozar de todos esses bens no seio dessa pátria feliz, vivendo pacificamente numa doce sociedade com meus concidadãos, exercendo para com eles, e a exemplo deles, a humanidade, a amizade e todas as virtudes, deixando atrás de mim a honrosa memória de um homem de bem e de um honesto e virtuoso patriota.

Se, menos feliz ou tardiamente sábio, eu me visse obrigado a terminar em outros climas uma carreira enfraquecida e frouxa, lamentando inutilmente o repouso e a paz desperdiçados por uma juventude imprudente, pelo menos alimentaria em minha alma esses mesmos sentimentos não aproveitados em meu país e, penetrado de uma afeição terna e desinteressada por meus concidadãos distantes, teria dirigido a eles, do fundo do meu coração, mais ou menos o seguinte discurso:

Meus caros concidadãos, ou melhor, meus irmãos, pois os laços de sangue, assim como as leis, nos unem quase todos; é doce não poder pensar em vós sem pensar ao mesmo tempo em todos os bens que usufruís e cujo valor nenhum de vós talvez perceba melhor que eu, que os perdi. Quanto mais reflito sobre vossa situação política e civil, tanto menos posso imaginar que a natureza das coisas humanas comporte uma melhor. Em todos os outros governos, quando se trata de assegurar o maior bem do Estado, tudo sempre se limita a projetos em ideias, quando muito a simples possibilidades. No vosso caso, a felicidade é completa, basta apenas usufruí-la e, para que sejais perfeitamente felizes, não precisais senão vos contentar de sê-lo. Vossa soberania, adquirida ou reconquistada pela espada, e conservada durante dois séculos à força de valor e sabedoria, é enfim plena e universalmente reconhecida. Tratados honrosos fixam vossos limites, asseguram vossos direitos e consolidam vosso repouso. Vossa constituição é excelente, ditada pela mais sublime razão e garantida por potências amigas e respeitáveis; vosso Estado é tranquilo, sem guerras nem conquistadores a temer; não tendes outros senhores senão as sábias leis que fizestes, administradas por magistrados íntegros e de vossa escolha; não sois nem tão ricos, para vos debilitar na ociosidade e perder em vãs delícias o gosto da verdadeira felicidade e das sólidas virtudes, nem tão pobres, para necessitar de mais ajuda estrangeira, que vossa indústria não requer; e essa liberdade preciosa, que nas grandes nações só se mantém com impostos exorbitantes, não vos custa quase nada conservar.

Possa durar sempre, para a felicidade de seus cidadãos e o exemplo dos povos, uma república constituída de maneira tão sábia e excelente! Eis o único voto que vos resta fazer e o único cuidado que vos resta tomar. Daqui por diante, compete somente a vós fazer não vossa felicidade – vossos antepassados vos pouparam esse trabalho –, mas torná-la durável pela maneira sábia de usá-la. É de vossa união perpétua, de vossa obediência às leis, de vosso respeito por seus ministros que depende vossa conservação. Se houver entre vós o menor germe de rancor ou desconfiança, apressai-vos em destruí-lo como um fermento funesto do qual resultariam, cedo ou tarde, a infelicidade e a ruína do Estado. Conjuro-vos a penetrar, todos, o fundo de vosso coração e a consultar a voz secreta de vossa consciência. Alguém entre vós conhece no universo um corpo mais íntegro, mais esclarecido, mais respeitável do que o de vossa magistratura? Todos os seus membros não vos dão o exemplo da moderação, da simplicidade dos costumes, do respeito às leis e da mais sincera reconciliação? Portanto, manifestai sem reserva, a tão sábios chefes, aquela salutar confiança que a razão deve à virtude; considerai que eles são de vossa escolha, que eles a justificam e que as honras devidas aos que constituístes em dignidade recaem necessariamente sobre vós mesmos. Nenhum de vós é pouco esclarecido para ignorar que, onde cessa o vigor das leis e a autoridade de seus defensores, não pode haver segurança nem liberdade para ninguém. Em vosso caso, portanto, trata-se apenas de fazer de bom coração e com uma justa confiança o que seríeis sempre obrigados a fazer por um verdadeiro interesse, por dever e pela razão. Que uma indiferença culpável e funesta pela manutenção da constituição nunca vos faça negligenciar, quando necessário, os sábios conselhos dos mais esclarecidos e dos mais zelosos dentre vós, mas sim que a equidade, a moderação e a mais respeitosa firmeza continuem a regular todas as vossas atitudes e a mostrar a todo o universo o exemplo de um povo altivo e modesto, cioso tanto de sua glória quanto de sua liberdade. Evitai sobretudo, e será meu último conselho, escutar interpretações sinistras e discursos envenenados cujos motivos secretos são muitas vezes mais perigosos do que as ações a que se referem. Toda uma casa desperta e mantém-se acordada aos primeiros gritos de um bom e fiel guardião que só late à aproximação de ladrões, mas odeia-se a inconveniência dos animais ruidosos que não cessam de perturbar o repouso público, e cujas advertências contínuas e deslocadas cessam de ser ouvidas no momento em que são necessárias.

Deixai, *Magníficos e Honradíssimos Senhores*, dignos e respeitáveis magistrados de um povo livre, que eu vos ofereça, em particular, minhas homenagens e meus deveres. Se há no mundo uma posição própria a ilustrar os que a ocupam, é certamente aquela devida aos talentos e à virtude, aquela da qual vos tornastes dignos e à qual vossos concidadãos vos elevaram. O mérito próprio deles dá um novo brilho ao vosso. Escolhidos por homens capazes de governar outros, e para governar esses mesmos homens, considero-vos tão acima dos outros magistrados quanto um povo livre, e principalmente aquele que tendes a honra de conduzir, está acima, por suas luzes e por sua razão, da populaça dos outros Estados.

Que me seja permitido citar um exemplo que deveria ser melhor conservado e que estará sempre presente em meu coração. Nunca deixo de lembrar sem a mais doce emoção a memória do virtuoso cidadão a quem devo a luz e que frequentemente alimentou minha infância com o respeito que vos era devido. Vejo-o ainda vivendo do trabalho de suas mãos e nutrindo sua alma com as verdades mais sublimes. Vejo Tácito, Plutarco e Grotius, misturados com os instrumentos de seu ofício.[2] Vejo a seu lado um filho querido recebendo, com pouco proveito, as ternas instruções do melhor dos pais. Contudo, se os desvios de uma juventude louca me fizeram esquecer por um tempo tão sábias lições, tive a felicidade de comprovar finalmente que, mesmo havendo uma inclinação para o vício, é difícil perder-se para sempre uma educação da qual participa o coração.

Tais são, *Magníficos e Honradíssimos Senhores*, os cidadãos e mesmo os simples habitantes nascidos no Estado que governais. Tais são esses homens instruídos e sensatos acerca dos quais, sob o nome de operários e de povo, nas outras nações se fazem ideias tão baixas e tão falsas. Meu pai, confesso com alegria, não se distinguia entre seus concidadãos; era como todos eles eram, e não havia lugar onde sua companhia, tal como ele era, não fosse requisitada, cultivada, mesmo com proveito, pelas pessoas mais honestas. Não me compete e, graças aos céus, não é necessário vos falar da consideração que de vós podem esperar homens dessa têmpera, vossos iguais pela educação assim como pelos direitos da natureza e do nascimento; vossos inferiores por vontade deles, pela preferência dada a vosso mérito, reconhecendo-o, e pela qual também deveis uma espécie de reconhecimento. Sei, com muita satisfação, a doçura e a condescendência com que temperais, para eles, a gravidade que convém aos ministros das leis; sei o quanto retribuís em estima e atenções o que eles vos devem em obediência e respeito; conduta cheia de justiça e de sabedoria, própria a afastar cada vez mais a memória

---

2. Rousseau alude ao pai e a suas leituras da juventude: Tácito, historiador romano; Plutarco, autor de *Vidas dos homens ilustres*; Grotius, jurista holandês do século XVII e autor do *Direito da guerra e da paz.* (N.T.)

dos acontecimentos infelizes, que convém esquecer para que nunca mais ocorram; conduta tanto mais judiciosa na medida em que esse povo, equitativo e generoso, faz de seu dever um prazer e gosta naturalmente de vos honrar, os que mais defendem seus direitos sendo os mais inclinados a respeitar os vossos.

Não é surpreendente que os chefes de uma sociedade civil amem a glória e a felicidade dela, mas surpreende que, para o repouso dos homens, os que se consideram como os magistrados, ou melhor, como os mestres de uma pátria mais santa e mais sublime, demonstrem algum amor pela pátria terrestre que os alimenta. Quanto me agrada poder fazer, em nosso favor, uma exceção tão rara e colocar, entre nossos melhores cidadãos, esses zelosos depositários dos dogmas sagrados autorizados pelas leis, esses veneráveis pastores de almas cuja viva e doce eloquência leva aos corações as máximas do Evangelho, começando sempre eles mesmos por praticá-las! Todos sabem com que sucesso a grande arte do sermão é cultivada em Genebra. Todavia, muito acostumados a ouvir dizer de um modo e ver agir de outro, poucos sabem o quanto o espírito do cristianismo, a santidade dos costumes, a severidade consigo mesmo e a brandura com outrem reinam entre nossos ministros. Talvez a cidade de Genebra seja a única a mostrar o exemplo edificante de uma perfeita união entre teólogos e homens de letras.[3] É em grande parte na reconhecida sabedoria e na moderação deles, em seu zelo pela prosperidade do Estado, que baseio a esperança de uma eterna tranquilidade e assinalo, com um prazer mesclado de espanto e respeito, o quanto eles abominam as máximas terríveis desses homens sagrados e bárbaros, dos quais a história fornece mais de um exemplo, que, para defender os supostos direitos de Deus, isto é, seus interesses, pouco se importavam

3. Referência à Academia fundada por Calvino em 1559. (N.T.)

em derramar sangue humano, certos de que o deles seria sempre respeitado.

Poderia eu esquecer aquela preciosa metade da república que faz a felicidade da outra, cuja doçura e cuja sabedoria mantêm a paz e os bons costumes? Amáveis e virtuosas cidadãs, o destino de vosso sexo será sempre governar o nosso. Excelente quando o vosso casto poder, exercido apenas na união conjugal, se faz sentir em favor da glória do Estado e da felicidade pública! É assim que as mulheres comandavam em Esparta, e é assim que mereceis comandar em Genebra. Que homem bárbaro poderia resistir à voz da honra e da razão na boca de uma terna esposa? E quem não desprezaria um luxo vão, vendo vossa aparência simples e modesta que, realçada por vosso brilho, parece ser a mais favorável à beleza? Cabe a vós manter sempre, por vosso amável e inocente império e por vosso espírito insinuante, o amor às leis no Estado e a concórdia entre os cidadãos, reunir por acertados casamentos as famílias divididas e principalmente corrigir, pela persuasiva doçura de vossas lições e pela graça modesta de vossa atitude, as extravagâncias que nossos jovens vão buscar em outros países, de onde trazem, em vez de tantas coisas que poderiam ser proveitosas, e com um tom pueril e ares ridículos adquiridos entre mulheres perdidas, apenas a admiração por não sei que pretensas grandezas, frívolas compensações da servidão, que nunca se igualarão à augusta liberdade. Sede sempre, portanto, o que sois, as castas guardiãs dos costumes e os doces laços da paz, e continuai a fazer valer, em qualquer ocasião, os direitos do coração e da natureza em proveito do dever e da virtude.

Orgulho-me de não ser desmentido pelos acontecimentos ao fundar sobre tais garantias a esperança da felicidade comum dos cidadãos e da glória da república. Admito que, com todas essas vantagens, ela não terá aquele brilho que deslumbra a maior parte dos olhos e cujo gosto pueril e funesto é o mais mortal inimigo da felicidade e da liberdade. Que uma juventude dissoluta vá buscar noutras partes prazeres fáceis e longos arrependimentos. Que as pessoas de pretenso bom gosto admirem noutros lugares a grandeza dos palácios, a beleza das carruagens, as mobílias soberbas, a pompa dos espetáculos e todos os refinamentos da ociosidade e do luxo. Em Genebra só se encontrarão homens. Mas um tal espetáculo tem seu valor, e os que o procurarem não valerão menos que os admiradores do resto.

Dignai-vos, *Magníficos, Honradíssimos e Soberanos Senhores*, a receber todos, com a mesma bondade, os respeitosos testemunhos do interesse que tenho por vossa prosperidade comum. Se fui infeliz e cometi algum transporte indiscreto nessa viva efusão do meu coração, suplico-vos perdoá-lo, pois se deve à terna afeição de um verdadeiro patriota e ao zelo ardente e legítimo de um homem que não deseja maior felicidade para si mesmo que a de vos ver todos felizes.

Sou, com o mais profundo respeito,

MAGNÍFICOS, HONRADÍSSIMOS
E SOBERANOS SENHORES,

vosso humilde e obediente
servidor e concidadão.

JEAN-JACQUES ROUSSEAU.
Chambéry, 12 de junho de 1754.

PREFÁCIO

O MAIS ÚTIL E O MENOS avançado de todos os conhecimentos humanos me parece ser o do homem[II], e ouso dizer que a simples inscrição do templo de Delfos[4] continha um preceito mais importante e mais difícil do que todos os volumosos livros dos moralistas. Assim considero o tema deste discurso como uma das questões mais interessantes que a filosofia possa propor e, infelizmente para nós, como uma das mais espinhosas que os filósofos possam resolver. Pois como conhecer a origem da desigualdade entre os homens se não começarmos por conhecer eles mesmos? E como chegará o homem a ver-se tal como o formou a natureza, através de todas as mudanças que a sucessão dos tempos e das coisas deve ter produzido em sua constituição original, e a separar o que pertence à sua própria essência daquilo que as circunstâncias e seus progressos acrescentaram ou modificaram em seu estado primitivo? Como a estátua de Glauco[5], que o tempo, o mar e as tempestades desfiguraram tanto que ela se assemelhava menos a um deus do que a um animal feroz, a alma humana, alterada no seio da sociedade por inúmeras causas sempre a renascer, pela aquisição de uma série de conhecimentos e de erros, pelas modificações advindas na constituição dos corpos e pelo choque contínuo das paixões, mudou, por assim dizer, de aparência, a ponto de ser quase irreconhecível; em vez de um ser que age sempre por princípios certos e invariáveis, em vez da celeste e

4. "Conhece-te a ti mesmo", frase que será retomada por Sócrates. (N.T.)

5. Imagem usada por Platão na *República* (X, 611). (N.T.)

majestosa simplicidade com que seu Autor a formou, nela não encontramos senão o disforme contraste da paixão que crê raciocinar e do entendimento delirante.

O que há de mais cruel ainda é que, como todos os progressos da espécie humana não cessam de afastá-la de seu estado primitivo, quanto mais acumulamos conhecimentos, mais nos privamos dos meios de adquirir o mais importante de todos; e, num certo sentido, é de tanto estudar o homem que nos tornamos incapazes de conhecê-lo.

É fácil perceber que é nessas mudanças sucessivas da constituição humana que se deve buscar a primeira origem das diferenças que distinguem os homens, os quais, como é comum admitir, são naturalmente iguais entre si tal como o são os animais de cada espécie, antes que diversas causas físicas introduzissem em algumas espécies as variedades que conhecemos. De fato, não é concebível que essas primeiras mudanças, por qualquer meio que tenham acontecido, pudessem alterar ao mesmo tempo e da mesma maneira todos os indivíduos da espécie; tendo alguns se aperfeiçoado ou se deteriorado, e adquirido diversas qualidades boas ou más que não eram inerentes à sua natureza, os outros permaneceram por um tempo mais longo no estado original; e essa foi, entre os homens, a primeira fonte da desigualdade, que é mais fácil demonstrar assim em geral do que indicando com precisão as verdadeiras causas.

Que meus leitores não imaginem, portanto, que ouso enaltecer-me de ter visto o que me parece tão difícil de ver. Iniciei alguns raciocínios, arrisquei algumas conjecturas, menos na esperança de resolver a questão do que na intenção de esclarecê-la e de reduzi-la a seu verdadeiro estado. Outros poderão seguir mais longe no mesmo caminho, sem que seja fácil para ninguém chegar ao término. Pois não é um empreendimento ligeiro separar o que há de originário e de artificial na natureza atual do homem e conhecer devidamente um estado que não existe mais, que talvez nunca tenha existido, que provavelmente nunca existirá, mas sobre o qual é necessário ter noções justas para avaliar bem o nosso estado presente. Seria preciso mesmo, àquele que empreende determinar com exatidão as precauções cabíveis para fazer sobre esse tema sólidas observações, mais filosofia do que se pensa, e uma boa solução do problema a seguir não me pareceria indigna dos Aristóteles e dos Plínios de nosso século: *Que experiências seriam necessárias para chegar a conhecer o homem natural? E quais são os meios de fazer essas experiências no seio da sociedade?* Longe de tentar resolver esse problema, creio ter meditado suficientemente sobre o assunto para ousar responder de antemão que os maiores filósofos não serão bons o bastante para dirigir essas experiências, nem os mais poderosos soberanos para fazê-las; não é muito razoável contar com esse concurso, sobretudo com a perseverança ou com a sucessão de luzes e de boa vontade necessária da parte de uns e de outros para alcançar o êxito.

Essas pesquisas tão difíceis de fazer, e sobre as quais pouco se cogitou até agora, são, no entanto, os únicos meios disponíveis para levantar uma série de dificuldades que nos furtam o conhecimento dos fundamentos reais da sociedade humana. É essa ignorância da natureza do homem que lança tanta incerteza e obscuridade sobre a verdadeira definição do direito natural: pois a ideia do direito, diz o sr. Burlamaqui[6], e mais ainda a do direito natural, são manifestamente ideias relativas à natureza do homem. Portanto, é da própria natureza do homem, ele continua, de sua constituição e de seu estado, que convém deduzir os princípios dessa ciência.

Não é sem surpresa e sem escândalo que se observa a pouca concordância que reina sobre essa importante matéria entre os diversos autores que dela trataram. Entre os escri-

6. Jean-Jacques Burlamaqui, autor dos *Princípios do direito natural* (1747) e dos *Princípios do direito político* (1751). (N.T.)

tores mais sérios, dificilmente há dois que tenham a mesma opinião sobre esse ponto. Sem falar dos antigos filósofos, que parecem ter se esforçado para se contradizer entre si sobre os princípios mais fundamentais, os jurisconsultos romanos submetem indiferentemente o homem e todos os outros animais à mesma lei natural, porque consideram sob esse nome a lei que a natureza impõe a si mesma, e não a que ela prescreve; isso se deve à acepção particular segundo a qual esses jurisconsultos entendem a palavra lei, que eles parecem tomar apenas como a expressão das relações gerais estabelecidas pela natureza entre todos os seres animados para a sua comum conservação. Como os modernos não reconhecem sob o nome de lei senão uma regra prescrita a um ser moral, isto é, inteligente, livre e considerado em suas relações com outros seres, eles limitam consequentemente apenas ao animal dotado de razão, ou seja, ao homem, a competência da lei natural; porém, definindo cada um a seu modo essa lei, todos a estabelecem sobre princípios tão metafísicos que, mesmo entre nós, poucos têm condições de compreender esses princípios, estando longe de poder encontrá-los por si mesmos. E assim todas as definições desses homens eruditos, aliás em perpétua contradição entre si, concordam apenas no seguinte: que é impossível compreender a lei da natureza, e portanto obedecer a ela, sem ser um grande pensador e um profundo metafísico. O que significa, precisamente, que os homens tiveram de empregar, para o estabelecimento da sociedade, luzes que só se desenvolvem com muita dificuldade e para muito poucas pessoas no seio dessa mesma sociedade.

Conhecendo mal a natureza e havendo tão pouca concordância sobre o sentido da palavra *lei*, seria muito difícil chegar a uma boa definição da lei natural. Assim, todas as que encontramos nos livros, além de não serem uniformes, têm ainda o defeito de serem tiradas de vários conhecimentos que os homens não possuem naturalmente e de vantagens cuja ideia eles só podem formar após terem saído do estado de natureza. Começa-se por buscar as regras sobre as quais, para a utilidade comum, seria conveniente que os homens concordassem entre si; depois, dá-se o nome de lei natural à coleção dessas regras, sem outra prova senão o suposto bem que resultaria de sua prática universal. Eis aí uma maneira muito cômoda de compor definições e de explicar a natureza das coisas por conveniências quase arbitrárias.

Todavia, enquanto não conhecermos o homem natural, será uma atitude vã querer determinar a lei que ele recebeu ou a que melhor convém à sua constituição. Tudo o que podemos ver claramente a respeito dessa lei é que é preciso, para que seja lei, que a vontade daquele que ela obriga possa submeter-se a ela com conhecimento. Mas não só isso: também é preciso, para que seja natural, que ela fale imediatamente pela voz da natureza.

Deixando de lado, pois, todos os livros científicos que nos ensinam apenas a ver os homens tais como são feitos, e meditando sobre as primeiras e mais simples operações da alma humana, creio nela perceber dois princípios anteriores à razão, um dos quais interessa ardentemente ao nosso bem-estar e à conservação de nós mesmos, ao passo que o outro nos inspira uma repugnância natural em ver perecer ou sofrer todo ser sensível, principalmente nossos semelhantes. É do concurso e da combinação que nosso espírito é capaz de fazer desses dois princípios, sem que seja necessário introduzir o da sociabilidade, que me parecem decorrer todas as regras do direito natural; regras que a razão é a seguir forçada a restabelecer sobre outros fundamentos quando, por seus desenvolvimentos sucessivos, acaba por sufocar a natureza.

Dessa maneira, não somos de modo algum obrigados a fazer do homem um filósofo antes de fazer dele um homem; seus deveres em relação a outrem não lhe são ditados unicamente pelas tardias lições da sabedoria; enquanto não resistir ao impulso interior da comiseração, ele nunca fará mal a um outro homem nem mesmo a algum ser sensível, exceto no caso legítimo em que sua conservação, estando em jogo, o obrigue a dar preferência a si mesmo. Por esse meio, terminam também as antigas disputas sobre a participação dos animais na lei natural. Pois é claro que, desprovidos de luzes e de liberdade, eles não podem reconhecer essa lei; mas, como a sensibilidade de que são dotados tem algo a ver com nossa natureza, julgaremos que eles devem participar também do direito natural e que o homem possui em relação a eles alguma espécie de dever. De fato, parece que, se sou obrigado a não fazer mal a meu semelhante, não é tanto porque ele é um ser racional, e sim porque é um ser sensível; qualidade que, sendo comum ao animal e ao homem, deve pelo menos dar a um o direito de não ser maltratado inutilmente pelo outro.

Esse mesmo estudo do homem original, de suas verdadeiras necessidades e dos princípios fundamentais de seus deveres, é ainda o único bom meio que se pode empregar para levantar as muitas dificuldades que se apresentam sobre a origem da desigualdade moral, sobre os verdadeiros fundamentos do corpo político, sobre os direitos recíprocos de seus membros e sobre inúmeras outras questões semelhantes, tão importantes quanto mal-esclarecidas.

Quando se considera a sociedade humana com um olhar tranquilo e desinteressado, de início ela parece mostrar apenas a violência dos homens poderosos e a opressão dos fracos; o espírito se revolta contra a dureza de uns ou é levado a deplorar a cegueira dos outros; e, como nada é menos estável entre os homens do que essas relações exteriores produzidas mais frequentemente pelo acaso do que pela sabedoria, as quais chamamos fraqueza ou poderio, riqueza ou pobreza, os estabelecimentos humanos parecem, à primeira vista, fundados sobre montes de areia movediça;

é somente ao examiná-los de perto, é somente após afastar o pó e a areia que cobrem o edifício, que se percebe a base inabalável sobre a qual ele se eleva e aprende-se a respeitar seus fundamentos. Ora, sem o estudo sério do homem, de suas faculdades naturais e de seus desenvolvimentos sucessivos, nunca se chegará a fazer essas distinções e a separar, na atual constituição das coisas, o que fez a vontade divina daquilo que a arte humana pretendeu fazer. As pesquisas políticas e morais, sugeridas pela importante questão que examino, são portanto úteis de todas as maneiras, e a história hipotética dos governos é, para o homem, uma lição instrutiva sob todos os aspectos. Ao considerar aquilo em que nos teríamos tornado, se entregues a nós mesmos, devemos aprender a bendizer aquele cuja mão benfazeja, corrigindo nossas instituições e dando-lhes um apoio inabalável, preveniu as desordens que deveriam resultar delas e fez nascer nossa felicidade dos meios que pareciam dever cumular nossa miséria.

Quem te Deus esse
Jussit, et humana qua parte locatus es in re,
Disce.[7]

7. "Aprende o que a divindade quis que fosses, e qual é teu lugar no mundo humano" (Pérsio, *Sátiras*, III, 71-73). (N.T.)

Advertência sobre as notas

Acrescentei algumas notas a este livro, segundo meu costume preguiçoso de trabalhar por intervalos. Às vezes, essas notas se afastam bastante do tema, não sendo boas de ser lidas com o texto. Assim as removi para o final do Discurso, no qual tratei de seguir da melhor maneira o caminho mais direto. Os que tiverem a coragem de recomeçar poderão, na segunda vez, perseguir a caça e percorrer as notas; não será muito importante que os outros não as leiam.

Questão

proposta pela Academia de Dijon

Qual é a origem da desigualdade entre os homens e se ela é autorizada pela lei natural.

DISCURSO

SOBRE A ORIGEM E OS FUNDAMENTOS DA DESIGUALDADE ENTRE OS HOMENS

É DO HOMEM QUE DEVO FALAR, e a questão que examino me informa que vou falar a homens, pois não se propõem questões semelhantes quando se teme honrar a verdade. Defenderei com confiança, portanto, a causa da humanidade diante dos sábios que me convidam a isso e não ficarei descontente comigo mesmo se me mostrar digno de meu tema e de meus juízes.

Concebo na espécie humana dois tipos de desigualdade: uma que chamo natural ou física, porque é estabelecida pela natureza e consiste na diferença das idades, da saúde, das forças do corpo e das qualidades do espírito ou da alma; a outra que podemos chamar desigualdade moral ou política, porque depende de uma espécie de convenção e é estabelecida, ou pelo menos autorizada, pelo consentimento dos homens. Esta consiste nos diferentes privilégios que alguns usufruem em detrimento dos outros, como o de serem mais ricos, mais honrados, mais poderosos que eles, ou mesmo o de se fazerem obedecer por eles.

Não se pode perguntar qual é a origem da desigualdade natural, porque a resposta estaria enunciada na simples definição da palavra. Muito menos se pode indagar se não haveria uma ligação essencial entre as duas desigualdades, pois seria perguntar, em outros termos, se os que mandam valem necessariamente mais do que os que obedecem, e se a força do corpo ou do espírito, a sabedoria ou a virtude se encontram sempre nos mesmos indivíduos, na proporção do poder ou da riqueza. Questão boa de discutir, talvez, entre escravos ouvidos por seus senhores, mas que não convém a homens racionais e livres que buscam a verdade.

Sendo assim, de que se trata precisamente neste discurso? De marcar no progresso das coisas o momento em que, sucedendo o direito à violência, a natureza foi submetida à lei; de explicar por quais encadeamentos portentosos pôde o forte decidir servir-se do fraco e pôde o povo comprar um repouso imaginário ao preço de uma felicidade real.

Todos os filósofos que examinaram os fundamentos da sociedade sentiram a necessidade de remontar ao estado de natureza, mas nenhum deles chegou lá. Alguns não hesitaram em supor no homem, nesse estado, a noção do justo e do injusto, sem se preocupar em mostrar por que ele deveria ter essa noção nem mesmo por que lhe seria útil. Outros falaram do direito natural de cada um de conservar o que lhe pertence, sem explicar o que entendem por pertencer. Outros, ainda, dando de início ao mais forte a autoridade sobre o mais fraco, imediatamente fizeram nascer o governo, sem pensar no tempo que precisou transcorrer antes que o sentido das palavras autoridade e governo pudesse existir entre os homens. Enfim, todos, falando sempre de necessidade, de avidez, de opressão, de desejos e de orgulho, transportaram para o estado de natureza ideias tomadas na sociedade. Falavam do homem selvagem e descreviam o homem civil. Não lhes ocorreu sequer duvidar que o estado de natureza tivesse existido, embora seja evidente, pela leitura dos Livros Sagrados, que o primeiro homem, tendo recebido imediatamente de Deus luzes e preceitos, não se encontrava ele próprio nesse estado; dando aos escritos de Moisés a fé que lhes deve todo filósofo cristão, é preciso negar que, mesmo antes do Dilúvio, os homens tenham alguma vez se encontrado no puro estado de natureza, a menos que nele tivessem recaído por algum acontecimento extraordinário – paradoxo muito difícil de defender e completamente impossível de provar.

Comecemos, pois, por afastar todos os fatos, já que eles não tocam na questão. Não convém tomar as investigações que podem ser feitas sobre esse tema como verdades históricas, mas apenas como raciocínios hipotéticos e condicionais, mais aptos a esclarecer a natureza das coisas do que a mostrar a verdadeira origem, e semelhantes aos que fazem os nossos físicos todos os dias sobre a formação do mundo. A religião nos ordena acreditar que, tendo o próprio Deus tirado os homens do estado de natureza, eles são desiguais porque Ele quis que o fossem, mas ela não nos proíbe de formar conjecturas extraídas apenas da natureza do homem e dos seres que o cercam, conjecturas sobre o que poderia ter sido o gênero humano se tivesse permanecido abandonado a si mesmo. É isso o que me perguntam e o que me proponho a examinar neste discurso. Como meu tema interessa ao homem em geral, tratarei de usar uma linguagem que convenha a todas as nações, ou melhor, que esqueça os tempos e os lugares, para pensar apenas nos homens a quem falo; vou supor-me no liceu de Atenas, repetindo as lições de meus mestres, tendo os Platões e os Xenócrates como juízes e o gênero humano como ouvinte.

Ó homem, de qualquer lugar que sejas, quaisquer que sejam tuas opiniões, escuta: eis aqui tua história tal como acreditei lê-la, não nos livros de teus semelhantes, que são mentirosos, mas na natureza, que jamais mente. Tudo o que for dela será verdadeiro, não haverá falsidade senão no que eu, sem querer, misturar de meu. Os tempos de que vou falar estão muito distantes. Como mudaste em relação ao que eras! É, por assim dizer, a vida de tua espécie que vou descrever segundo as qualidades que recebeste, que tua educação e teus hábitos puderam corromper, mas não puderam destruir. Sinto que há uma idade na qual o homem individual gostaria de se deter. Buscarás a idade na qual desejarias que tua espécie tivesse se detido. Descontente com teu estado presente, por razões que anunciam à tua posteridade infeliz descontentamentos ainda maiores, talvez gostarias de poder voltar atrás. E esse sentimento deve ser o elogio de teus antepassados, a crítica de teus contemporâneos e o temor dos que tiverem a infelicidade de viver depois de ti.

PRIMEIRA PARTE

POR IMPORTANTE QUE SEJA, para bem julgar o estado natural do homem, considerá-lo desde a sua origem e examiná-lo, por assim dizer, no primeiro embrião da espécie, não seguirei sua organização através de seus desenvolvimentos sucessivos. Não me deterei a investigar, no sistema animal, o que ele pode ter sido no começo para tornar-se enfim o que é. Não examinarei se, como pensa Aristóteles, suas unhas compridas não foram de início garras aduncas, se ele era peludo como um urso e se, andando com quatro pés[III], seus olhares dirigidos para a terra e restringidos a um horizonte de alguns passos marcavam ao mesmo tempo o caráter e os limites de suas ideias. Eu não poderia formar sobre esse assunto senão conjecturas vagas e quase imaginárias. A anatomia comparada progrediu muito pouco, as observações dos naturalistas ainda são muito incertas para que se possa estabelecer sobre tais fundamentos a base de um raciocínio sólido. Assim, sem recorrer aos conhecimentos sobrenaturais que temos sobre esse ponto, e sem considerar as mudanças que devem ter ocorrido na conformação tanto interior quanto exterior do homem, à medida que aplicava seus membros a novos usos e ingeria novos alimentos, vou supô-lo conformado em todos os tempos como o vejo hoje, andando com dois pés, servindo-se das mãos como fazemos com as nossas, dirigindo o olhar a toda a natureza e medindo com os olhos a vasta extensão do céu.

Despojando esse ser, assim constituído, de todos os dons sobrenaturais que pôde receber e de todas as faculdades artificiais que pôde adquirir apenas por longos progressos, considerando-o, em suma, tal como deve ter saído das mãos da natureza, vejo um animal menos forte do que uns, menos ágil do que outros, mas, levando tudo em conta, organizado de modo mais vantajoso que os demais. Vejo-o fartando-se sob um carvalho, matando a sede no primeiro riacho, fazendo seu leito ao pé da mesma árvore que lhe forneceu a refeição e satisfazendo assim a todas as suas necessidades.

A terra, abandonada à sua fertilidade natural[IV] e coberta de florestas imensas que o machado nunca mutilou, oferece a cada passo provisões e abrigos aos animais de toda espécie. Dispersos entre eles, os homens observam, imitam seu engenho e elevam-se até o instinto dos animais, com a vantagem de que cada espécie tem apenas seu próprio instinto, enquanto o homem, não tendo talvez nenhum que lhe pertença, apropria-se de todos, alimentando-se igualmente da maior parte dos alimentos diversos[V] que os animais dividem entre si e, portanto, encontrando sua subsistência mais facilmente, como nenhum deles pode fazer.

Acostumados desde a infância às intempéries do ar e ao rigor das estações, exercitados na fadiga e forçados a defender, nus e sem armas, sua vida e sua presa contra os outros animais ferozes, ou a fugir correndo, os homens formam para si um temperamento robusto e quase inalterável. Os filhos, trazendo ao mundo a excelente constituição dos pais e fortalecendo-a pelos mesmos exercícios que a produziram, adquirem assim todo o vigor de que a espécie humana é capaz. A natureza faz com eles precisamente o que a lei de Esparta fazia com os filhos dos cidadãos: torna fortes e robustos os que são bem-constituídos e faz perecer todos os demais, diferente nisso de nossas sociedades nas quais o Estado, tornando os filhos onerosos aos pais, os mata indistintamente antes de seu nascimento.

Sendo o corpo o único instrumento que o homem selvagem conhece, ele o emprega para diversos usos dos quais, pela falta de exercício, nossos corpos são incapazes; é nossa indústria que nos retira a força e a agilidade que a necessidade a obriga a adquirir. Se ele tivesse um machado, seu punho romperia galhos tão fortes? Se tivesse uma funda, lançaria com a mão uma pedra com tanta firmeza? Se tivesse uma escada, escalaria tão agilmente uma árvore? Se tivesse um cavalo, seria tão veloz na corrida? Deem ao homem civilizado o tempo de reunir a seu redor todas as suas máquinas: não se pode duvidar de que ele supere com facilidade o homem selvagem. Contudo, se quiserem ver um combate ainda mais desigual, os coloquem nus e desarmados um em frente ao outro, e logo reconhecerão qual é a vantagem de ter sempre todas as forças à disposição, de estar sempre pronto para qualquer eventualidade e de estar, por assim dizer, sempre inteiro consigo mesmo[VI].

Hobbes[8] afirma que o homem é naturalmente intrépido e só busca atacar e combater. Um filósofo ilustre[9] pensa o contrário, e Cumberland e Pufendorff também asseguram que nenhum ser é tão tímido quanto o homem no estado de natureza, sempre trêmulo e disposto à fuga ao menor ruído que o atinge, ao menor movimento que percebe. Isso talvez ocorra em relação aos objetos que ele não conhece, e não duvido que se assuste com todos os novos espetáculos que se apresentam, quando não pode distinguir o bem e o mal físicos que deve esperar deles, nem comparar suas forças com os perigos a enfrentar – circunstâncias raras no estado de natureza, no qual as coisas se sucedem de maneira uniforme, e a face da terra não está sujeita às mudanças

8. Thomas Hobbes (1588-1679), filósofo inglês, autor do *Leviatã*. (N.T.)

9. Alusão a Montesquieu, autor francês de *O espírito das leis*. (N.T.)

bruscas e contínuas que causam as paixões e a inconstância dos povos reunidos. Ao contrário, o homem selvagem, vivendo disperso entre os animais e achando-se desde cedo em situação de medir-se com eles, logo faz a comparação e, percebendo que os supera em habilidade e que eles não o superam em força, aprende a não mais temê-los. Coloquem um urso ou um lobo em disputa com um selvagem robusto, ágil, corajoso, como são todos, armado de pedras e de um bom bastão: verão que o perigo será pelo menos recíproco e que, após várias experiências semelhantes, os animais ferozes, que não gostam de atacar um ao outro, terão pouca vontade de atacar o homem, considerado tão feroz quanto eles. Quanto aos animais que têm realmente mais força do que a habilidade do homem, este se encontra diante deles na situação das outras espécies mais fracas, que não deixam de subsistir, e com a vantagem de poder, não menos disposto que elas à corrida e encontrando nas árvores um refúgio quase seguro, usar ou não esse expediente, escolher entre a fuga e o combate. Acrescentemos que nenhum animal parece guerrear naturalmente contra o homem, exceto no caso de defesa própria ou de extrema fome, nem mostrar contra ele as violentas antipatias que anunciam que uma espécie está destinada pela natureza a servir de pasto a outra.*[10]

Outros inimigos mais temíveis, e contra os quais o homem não tem os mesmos meios de se defender, são as enfermidades naturais, a infância, a velhice e as doenças

---

* Eis aí certamente as razões pelas quais os negros e os selvagens pouco se preocupam com os animais ferozes que possam encontrar nas florestas. Os caraíbas da Venezuela, entre outros, vivem ali na mais profunda segurança e sem o menor inconveniente. Embora estejam quase nus, diz François Corréal, não deixam de se expor ousadamente nas florestas, armados apenas de arco e flecha; e nunca se ouviu falar que algum deles tenha sido devorado por animais.

10. Este e os seguintes acréscimos de Rousseau, indicados por um asterisco, não constam na edição original de 1755, tendo sido incluídos na de 1782. (N.T.)

de toda espécie: tristes sinais de nossa fraqueza, sendo as duas primeiras comuns a todos os animais, e a última pertencendo principalmente ao homem que vive em sociedade. Observo inclusive, a respeito da infância, que a mãe que leva consigo por toda parte o filho tem muito mais facilidade de alimentá-lo do que as fêmeas de vários animais, forçadas a ir e vir de um lado a outro, com muita fadiga, para buscar sua comida e para aleitar ou alimentar os filhotes. É verdade que, se a mulher morre, o filho corre o grande risco de perecer com ela, mas esse perigo é comum a muitas outras espécies, cujos filhotes são incapazes, por algum tempo, de buscar o próprio alimento; e se a infância é mais longa entre nós, sendo a vida também mais longa, tudo ainda é mais ou menos igual nesse ponto[VII], embora, sobre a duração da primeira idade e sobre o número de filhos[VIII], haja outras regras que não interessam ao meu assunto. Entre os velhos, que agem e transpiram pouco, a necessidade de alimentos diminui com a capacidade de obtê-los. E como a vida selvagem afasta deles a gota e os reumatismos, e sendo a velhice, de todos os males, o que a proteção humana menos pode aliviar, eles se extinguem, finalmente, sem que se perceba que deixam de existir e quase sem que eles mesmos os percebam.

Em relação às doenças, não repetirei as vãs e falsas declamações que fazem contra a medicina a maior parte das pessoas com saúde, mas perguntarei se há alguma observação sólida da qual se possa concluir que, nos países onde essa arte é mais negligenciada, a vida média do homem é mais curta do que naqueles onde ela é cultivada com o maior cuidado. E como se explica isso, senão que nos causamos mais males do que os remédios que a medicina pode nos fornecer? A extrema desigualdade na maneira de viver, o excesso de ociosidade de uns, o excesso de trabalho de outros, a facilidade de provocar e de satisfazer nossos apetites e nossa sensualidade, os alimentos muito requintados dos ricos, com sucos apimentados que lhes causam indigestões, a má-alimentação dos pobres, que muitas vezes falta e os leva, quando possível, a sobrecarregar avidamente o estômago, as vigílias, os excessos de todo tipo, os transportes imoderados das paixões, as fadigas, o esgotamento do espírito, os inúmeros dissabores e sofrimentos experimentados em todas as condições, os quais corroem perpetuamente as almas, tudo isso são provas funestas de que nossos males, em sua maior parte, são obra nossa e de que teríamos evitado quase todos se conservássemos a maneira de viver simples, uniforme e solitária prescrita pela natureza. Se ela nos destinou a ser sadios, quase ouso afirmar que o estado de reflexão é um estado antinatural e que o homem que medita é um animal depravado. Quando se pensa na boa constituição dos selvagens, pelo menos dos que não arruinamos com nossas bebidas fortes, quando se sabe que eles quase não conhecem outras doenças senão as feridas e a velhice, fica-se tentado a crer que faríamos facilmente a história das doenças humanas seguindo a das sociedades civis. Essa, pelo menos, é a opinião de Platão, que, falando de alguns remédios empregados ou aprovados por Podalírio e Macaão no cerco de Troia, julga que várias doenças que esses remédios haveriam de provocar não eram, então, ainda conhecidas entre os homens*.

Com tão poucas fontes de males, o homem no estado de natureza, portanto, quase não tem necessidade de remédios, menos ainda de médicos; sob esse aspecto, a espécie humana não está em pior condição do que todas as outras, e é fácil perguntar aos caçadores se em suas andanças encontram muitos animais enfermos. Eles encontram alguns que tiveram ferimentos considerados muito bem-cicatrizados, que tiveram ossos e mesmo membros rompidos e restabelecidos sem outro cirurgião senão o tempo, sem outro regime

---

* E Celso conta que a dieta, hoje tão necessária, só foi inventada por Hipócrates. (Ed. 1782)

senão sua vida ordinária, e que ficaram perfeitamente curados sem terem sido atormentados por incisões, envenenados por drogas nem extenuados por jejuns. Enfim, por mais útil que possa ser entre nós a medicina bem-administrada, é certo que, se o selvagem doente e abandonado a si mesmo só pode contar com a natureza, em compensação ele nada precisa temer senão o seu mal, o que torna muitas vezes sua situação preferível à nossa.

Evitemos, pois, confundir o homem selvagem com os homens que temos diante de nossos olhos. A natureza trata todos os animais, entregues a seus cuidados, com uma predileção que parece mostrar o quanto ela é ciosa desse direito. O cavalo, o gato, o touro e mesmo o jumento têm, em sua maior parte, uma estatura mais alta, uma constituição mais robusta, mais vigor, força e coragem nas florestas do que em nossas casas; eles perdem a metade dessas vantagens ao se tornarem domésticos, como se todos os nossos cuidados em tratar bem e alimentar esses animais só tivessem por resultado abastardá-los. O mesmo acontece com o homem: ao se tornar sociável e escravo, ele se torna fraco, medroso, subserviente, e sua maneira de viver ociosa e efeminada acaba por debilitar-lhe a força e a coragem. Acrescentemos ainda que, entre as condições selvagem e doméstica, a diferença de homem a homem deve ser maior ainda do que a de animal a animal; pois, tendo o animal e o homem sido igualmente tratados pela natureza, todas as comodidades que o homem se oferece a mais, em relação aos animais que domestica, são outras tantas causas particulares que o fazem degenerar mais perceptivelmente.

Portanto, a nudez, a falta de habitação e a privação de todas essas inutilidades que julgamos tão necessárias não constituem uma infelicidade tão grande para os primeiros homens, nem, principalmente, um obstáculo tão grande para sua conservação. Se não têm a pele peluda, é porque não precisam dela nos países quentes e, nos países frios, logo aprendem a se apropriar da pele dos animais que venceram; se têm só dois pés para correr, têm dois braços para prover sua defesa e suas necessidades. Seus filhos talvez demorem a andar e com dificuldade, mas as mães os carregam com facilidade, vantagem que falta às outras espécies em que a mãe, perseguida, se vê obrigada a abandonar os filhotes ou a ajustar seu passo ao deles.* Enfim, a menos que se suponha o concurso singular e fortuito de circunstâncias de que falarei a seguir, e que poderiam nunca ter acontecido, é claro, para todos os efeitos, que o primeiro a dar-se roupas ou uma moradia produziu, com isso, coisas pouco necessárias, posto que havia passado sem elas até então, não se entendendo por que não teria podido suportar, quando adulto, um gênero de vida que suportava desde a infância.

Sozinho, desocupado e sempre próximo do perigo, o homem selvagem deve gostar de dormir e tem o sono leve, como os animais que, pensando pouco, dormem, por assim dizer, todo o tempo em que não estão pensando. Como sua própria conservação é quase seu único cuidado, suas faculdades mais exercitadas devem ser as que têm por objeto principal o ataque e a defesa, seja para subjugar sua presa, seja para evitar ser a presa de um outro animal. Ao contrário, os órgãos que só se aperfeiçoam no ócio e na sensualidade devem permanecer num estado de grosseria que nele exclui toda espécie de delicadeza; estando seus sentidos divididos nesse ponto, o tato e o paladar serão extremamente rudes, enquanto a vista, a audição e o olfato terão a maior sutileza. Tal é o estado animal em geral e também, segundo o relato dos viajantes, o da maioria dos povos selvagens. Assim, não é surpreendente que os ho-

* Pode haver aqui algumas exceções. Por exemplo, a do animal da província da Nicarágua semelhante a uma raposa, que usa as patas como as mãos de um homem e, segundo Corréal, tem no ventre um saco no qual a fêmea põe os filhotes quando é obrigada a fugir. Trata-se certamente do mesmo animal chamado tlaquatzin no México, cuja fêmea, segundo Laët, possui um saco semelhante para a mesma finalidade. (Ed.1782)

tentotes do Cabo da Boa Esperança avistem, a olhos nus, navios distantes em alto-mar que os holandeses só avistam com lunetas, nem que os selvagens da América percebam os espanhóis a seu encalço como o fariam os melhores cães, nem que todas essas nações bárbaras suportem sem dificuldade a nudez, agucem seu paladar com pimenta e bebam como água as bebidas alcoólicas europeias.

Considerei até aqui apenas o homem físico. Procuremos agora vê-lo pelo lado metafísico e moral.

Vejo em todo animal apenas uma máquina engenhosa à qual a natureza deu sentidos para recompor-se ela própria e para proteger-se, até certo ponto, contra tudo o que tende a destruí-la ou a desarranjá-la. Percebo exatamente a mesma coisa na máquina humana, com a diferença de que nas operações do animal a natureza faz tudo, enquanto o homem contribuiu com as suas na qualidade de agente livre. Um escolhe e rejeita por instinto; o outro por um ato de liberdade. Isso faz com que o animal não possa afastar-se da regra que lhe está prescrita, mesmo quando lhe seria vantajoso fazê-lo, e que o homem dela se afaste com frequência, para seu prejuízo. Assim um pombo morreria de fome junto a um prato cheio das melhores carnes, e um gato junto a um monte de frutas ou cereais, embora ambos pudessem perfeitamente ingerir o alimento que desdenham se lhes ocorresse experimentar. Assim também os homens dissolutos se entregam a excessos que lhes causam a febre e a morte, porque o espírito deprava os sentidos e porque a vontade ainda fala quando a natureza se cala.

Todo animal tem ideias, já que possui sentidos; chega mesmo a combinar suas ideias até um certo ponto, e nesse aspecto é pequena a diferença entre o homem e o animal. Alguns filósofos propuseram inclusive que há mais diferença entre este e aquele homem do que entre certos homens e certos animais. Desse modo, não é tanto o entendimento que faz, entre os animais, a diferença específica do homem, mas sim sua qualidade de agente livre. A natureza comanda todo animal e o animal obedece. O homem recebe a mesma instrução, mas se reconhece livre para concordar ou resistir, e é sobretudo na consciência dessa liberdade que se mostra a espiritualidade de sua alma. A física explica de alguma maneira o mecanismo dos sentidos e a formação das ideias, mas na capacidade de querer, ou melhor, de escolher, e no sentimento dessa capacidade encontram-se apenas atos puramente espirituais que de modo nenhum se explicam pelas lei da mecânica.

Contudo, ainda que as dificuldades que cercam essas questões deixassem lugar a discussões sobre a diferença do homem e do animal, há uma outra qualidade muito específica que os distingue e sobre a qual não pode haver discussão: é a faculdade de aperfeiçoar-se. Faculdade que, ajudada pelas circunstâncias, desenvolve sucessivamente todas as outras e reside entre nós tanto na espécie quanto no indivíduo, ao passo que um animal é, ao final de alguns meses, o que será a vida inteira, e sua espécie é, ao final de mil anos, o que ela era no primeiro desses mil anos. Por que somente o homem está sujeito a tornar-se imbecil? Não é por que ele volta assim a seu estado primitivo, enquanto o animal, que nada adquiriu e nada tem a perder, permanece sempre com seu instinto? Não é por que o homem, perdendo com a velhice ou outros acidentes tudo o que sua *perfectibilidade* lhe fizera adquirir, torna assim a cair mais baixo que o animal? Seria triste, para nós, sermos forçados a admitir que essa faculdade distintiva, e quase ilimitada, é a fonte de todas as infelicidades do homem; que é ela que o tira, com o tempo, dessa condição originária na qual passaria dias tranquilos e inocentes; que é ela que, fazendo brotar com os séculos suas luzes e seus erros, seus vícios e suas virtudes, o transforma com o tempo no tirano de si mesmo e da natureza[IX]. Seria terrível sermos obrigados a louvar, como um ser beneficente, aquele que primeiro sugeriu ao habitante das margens do Orenoco o uso das ripas que aplicam sobre as têmporas das crianças e lhes asseguram, pelo menos, uma parte de sua imbecilidade e de sua felicidade original.

O homem selvagem, entregue pela natureza apenas ao instinto, ou melhor, talvez recompensado, na falta deste, por faculdades capazes de inicialmente substituí-lo, para em seguida elevá-lo muito acima delas, começará, portanto, pelas funções puramente animais[X]: perceber e sentir será seu primeiro estado, que lhe será comum com todos os animais. Querer e não querer, desejar e temer, serão as primeiras e quase as únicas operações de sua alma, até que novas circunstâncias venham a causar novos desenvolvimentos.

Não importa o que digam os moralistas, o entendimento humano deve muito às paixões, as quais, na opinião geral, também lhe devem muito. É pela atividade delas que nossa razão se aperfeiçoa. Só buscamos conhecer porque desejamos usufruir, e não é possível conceber por que motivo se daria o trabalho de raciocinar quem não tivesse desejos nem temores. As paixões, por sua vez, têm sua origem em nossas necessidades e seu progresso em nossos conhecimentos, pois só se pode desejar ou temer as coisas com as ideias que se pode fazer delas ou, então, pelo simples impulso da natureza; e o homem selvagem, privado de todo tipo de luzes, experimenta apenas as paixões dessa última espécie. Seus desejos não excedem suas necessidades físicas[XI]. Os únicos bens que conhece no universo são o alimento, uma fêmea e o repouso; os únicos males que teme são a dor e a fome. Digo a dor e não a morte, pois o animal nunca saberá o que é morrer, o conhecimento da morte e de seus terrores sendo uma das primeiras aquisições que o homem fez ao afastar-se da condição animal.

Seria fácil para mim, se fosse necessário, apoiar essa opinião nos fatos e mostrar que, em todas as nações do mundo, os progressos do espírito foram precisamente proporcionais às necessidades que os povos receberam da natureza, ou às quais as circunstâncias os submeteram, e portanto às paixões que os levavam a atender essas necessidades. Eu mostraria no Egito as artes nascendo e se estendendo com os transbordamentos do Nilo. Acompanharia o progresso delas entre os gregos, onde as vemos germinar, crescer e se elevar até os céus entre as areias e os rochedos da Ática, sem poder se enraizar nas margens férteis do Eurotas.[11] Observaria que em geral os povos do norte são mais industriosos que os do sul, por poderem menos se abster disso, como se a natureza quisesse assim igualar as coisas, dando aos espíritos a fertilidade que ela recusa à terra.

Contudo, sem recorrer aos testemunhos incertos da História, quem não vê que tudo parece afastar do homem selvagem a tentação e os meios de deixar de ser selvagem? Sua imaginação nada lhe sugere, seu coração nada lhe pede. Suas módicas necessidades estão de tal maneira ao alcance da mão, e ele está tão distante do grau de conhecimentos necessário para desejar adquirir outros maiores, que é incapaz de ter previdência ou curiosidade. De tanto ser familiar, o espetáculo da natureza torna-se indiferente para ele. É sempre a mesma ordem, são sempre as mesmas revoluções; não possui espírito para surpreender-se com as maiores maravilhas, e não é nele que devemos buscar a filosofia de que o homem necessita para saber observar o que vê todos os dias. Sua alma, que nada agita, entrega-se apenas ao sentimento atual de sua existência, sem nenhuma ideia do futuro, por próximo que seja, e seus projetos, limitados como sua visão, mal se estendem até o fim do dia. Tal é ainda hoje o grau de previdência do caraíba: ele vende de manhã seu leito de algodão e à noite chora para

11. Rio da Lacônia que banhava Esparta, hoje chamado Vasili. Os espartanos são, para Rousseau, um modelo de vida rústica. (N.T.)

tê-lo de volta por não ter previsto que precisaria dele na noite seguinte.

Quanto mais meditamos sobre esse assunto, mais aumenta, aos nossos olhos, a distância das puras sensações aos mais simples conhecimentos, e é impossível conceber como poderia um homem, com suas simples forças, sem o auxílio da comunicação e sem o aguilhão da necessidade, transpor um intervalo tão grande. Quantos séculos terão talvez transcorrido, antes que os homens fossem capazes de ver outro fogo que não o do céu? Quantos diferentes acasos não lhes foram necessários para ensinar os usos mais comuns desse elemento? Quantas vezes não o deixaram extinguir-se antes de adquirirem a arte de reproduzi-lo? E quantas vezes, quem sabe, cada um desses segredos morreu com aquele que o descobriu? E o que diremos da agricultura, arte que requer tanto trabalho e previdência, ligada a outras artes, evidentemente só praticável numa sociedade ao menos incipiente, e que não nos serve tanto para extrair da terra alimentos, que ela forneceria sem isso, do que para forçá-la às preferências que são mais do nosso agrado? Mas suponhamos que os homens se tivessem multiplicado tanto que as produções não fossem mais suficientes para alimentá-los, suposição que, diga-se de passagem, mostraria uma grande vantagem para a espécie humana nessa maneira de viver; suponhamos que, sem forjas nem oficinas, os instrumentos da lavoura tivessem caído do céu nas mãos dos selvagens, que esses homens tivessem vencido o ódio mortal que sentem, todos, por um trabalho contínuo; que tivessem aprendido a prever tão antecipadamente suas necessidades que teriam adivinhado como se deve cultivar a terra, semear os grãos e plantar as árvores; que tivessem descoberto a arte de moer o trigo e de fazer fermentar a uva, enfim, coisas que os deuses teriam de lhes ensinar por não se poder compreender como as aprenderiam por si mesmos. Que homem bastante insensato, depois disso, se atormentaria em cultivar um campo do qual o despojaria o primeiro a chegar, homem ou animal, indiferentemente, a quem essa colheita interessasse? E como poderia cada um decidir-se a passar a vida num trabalho penoso, sabendo que não recolherá seu fruto quando este lhe for mais necessário? Em suma, como poderá essa situação levar os homens a cultivar a terra enquanto esta não estiver dividida entre eles, isto é, enquanto o estado de natureza não estiver suprimido?

Mesmo se quiséssemos supor um homem selvagem tão hábil na arte de pensar como o são nossos filósofos, mesmo se fizéssemos dele, a exemplo destes, um filósofo, que descobre sozinho as mais sublimes verdades, que, por uma série de raciocínios muito abstratos, produz máximas de justiça e de razão extraídas do amor à ordem em geral ou da vontade conhecida de seu Criador; em suma, mesmo se lhe supuséssemos no espírito inteligência e luzes, quando em realidade só há lentidão e estupidez, que utilidade retiraria a espécie de toda essa metafísica que é incapaz de comunicar-se e que pereceria com o indivíduo que a teria inventado? Que progressos poderia fazer o gênero humano espalhado nos bosques entre os animais? E até que ponto poderiam se aperfeiçoar e se instruir mutuamente homens que, não tendo nem domicílio fixo nem necessidade um do outro, se encontrariam talvez apenas duas vezes na vida, sem se conhecer e sem se falar?

Que se pense na quantidade de ideias que devemos ao uso da fala, no quanto a gramática exercita e facilita as operações do espírito; que se pense nos inconcebíveis esforços e no tempo infinito que deve ter custado a primeira invenção das línguas; que se juntem essas reflexões às precedentes, e veremos quantos milhares de séculos foram necessários para desenvolver sucessivamente no espírito humano as operações de que ele é capaz.

Permitam-me considerar por um instante as dificuldades da origem das línguas.[12] Eu poderia contentar-me em citar aqui as pesquisas feitas pelo sr. abade de Condillac[13] sobre este assunto, que confirmam plenamente minha opinião e que me sugeriram, talvez, sua primeira ideia. Mas a maneira como esse filósofo resolve as dificuldades sobre a origem dos signos instituídos mostra que ele dá por suposto o que coloco em questão – a saber, uma espécie de sociedade já estabelecida entre os inventores da linguagem –, e assim, voltando às suas reflexões, creio dever juntar-lhes as minhas, para expor as mesmas dificuldades à luz que convém ao meu assunto. A primeira que se apresenta é imaginar como as línguas puderam se tornar necessárias, pois, não tendo os homens nenhuma correspondência entre si, nem sentindo essa falta, não se compreende nem a necessidade dessa invenção nem sua possibilidade, se não era indispensável. Eu poderia dizer, como muitos outros, que as línguas nasceram no convívio doméstico dos pais, das mães e dos filhos; mas isso, além de não resolver as objeções, seria cometer o erro dos que, raciocinando sobre o estado de natureza, transportam a ele ideias tomadas da sociedade e veem sempre a família reunida numa mesma habitação, seus membros mantendo entre si uma união tão íntima e permanente como entre nós, em que tantos interesses comuns os reúnem; no estado primitivo, sem casas nem cabanas, nem propriedade de espécie alguma, cada um se abrigava em qualquer lugar e em geral por uma única noite; os machos e as fêmeas se uniam fortuitamente conforme o encontro, a ocasião e o desejo, sem que a palavra fosse um intérprete muito necessário das coisas que tinham a se dizer.

12. Rousseau já havia escrito anteriormente o *Ensaio sobre a origem das línguas*, no qual se baseia esse trecho do Discurso. (N.T.)

13. Étienne de Condillac (1719-1780), filósofo francês da escola sensualista. (N.T.)

Eles se deixavam com a mesma facilidade[XII]. A mãe aleitava inicialmente os filhos para sua própria necessidade; depois, afeiçoando-se a eles pelo hábito, passou a alimentá-los para a necessidade deles; os filhos, tão logo tinham a força de buscar seu alimento, não tardavam a deixar a mãe. E, como não havia quase outro meio de se encontrarem a não ser não se perdendo de vista, eles logo se viam em situação de não se reconhecerem uns aos outros. Observemos ainda que o filho, tendo necessidades a exprimir e, portanto, tendo mais coisas a dizer à mãe do que a mãe ao filho, precisa fazer mais esforços de invenção, e a língua que emprega deve ser em grande parte obra sua, o que multiplica as línguas na proporção dos indivíduos falantes, ao que contribui ainda a vida errante e vagabunda que não dá a nenhum idioma o tempo de adquirir consistência; dizer que a mãe dita ao filho as palavras, das quais ele se servirá para pedir isso ou aquilo, é dizer como se ensinam as línguas já formadas, mas não como elas se formam.

Suponhamos vencida essa primeira dificuldade. Transponhamos, por um momento, o espaço imenso que deve haver entre o puro estado de natureza e a necessidade das línguas e procuremos saber, supondo-as necessárias[XIII], como elas puderam começar a se estabelecer. Nova dificuldade, pior ainda que a anterior, uma vez que, se os homens tiveram necessidade da palavra para aprender a pensar, eles tiveram ainda mais necessidade de saber pensar para encontrar a arte da palavra; e, mesmo compreendendo de que maneira os sons da voz foram tomados como intérpretes convencionais de nossas ideias, restaria sempre saber quais puderam ser os intérpretes dessa convenção para as ideias que, não tendo um objeto sensível, não podiam ser indicadas nem pelo gesto, nem pela voz. E assim dificilmente podemos formar conjecturas sustentáveis sobre o nascimento da arte de comunicar os pensamentos e de estabelecer um comércio entre os espíritos: arte sublime, já muito afastada de sua origem, mas que o filósofo vê ainda a uma distância tão prodigiosa da perfeição que não existe homem bastante ousado para afirmar que um dia a alcançará – mesmo se as revoluções que o tempo traz necessariamente fossem suspensas a seu favor, mesmo se os preconceitos saíssem das academias ou se calassem, e elas pudessem se ocupar desse objeto espinhoso durante séculos inteiros, sem interrupção.

A primeira linguagem do homem, a linguagem mais universal, a mais enérgica e a única necessária antes que ele tivesse de persuadir homens reunidos é o grito da natureza. Como esse grito só era arrancado por uma espécie de instinto nas ocasiões prementes, para implorar socorro nos grandes perigos ou alívio nos males violentos, ele não era de grande uso no curso ordinário da vida, no qual reinam sentimentos mais moderados. Quando as ideias dos homens começaram a se estender e a se multiplicar, estabelecendo-se uma comunicação mais íntima, eles buscaram sinais mais numerosos e uma linguagem mais ampla. Multiplicaram as inflexões da voz, juntando a ela os gestos que, por sua natureza, são mais expressivos e cujo sentido depende menos de uma determinação anterior. Assim, os objetos que são visíveis e móveis eram expressos por gestos, e os que atingem a audição, por sons imitativos. Porém, como o gesto dificilmente indica mais do que os objetos presentes, ou fáceis de descrever, e as ações visíveis; como seu uso não é universal, pois a obscuridade ou a interposição de um corpo o tornam inútil; e como ele mais exige do que provoca a atenção, resolveu-se, enfim, substituí-lo pelas articulações da voz que, sem ter a mesma relação com certas ideias, são mais aptas a representar todas elas como signos instituídos – substituição que só pôde ocorrer por um consentimento comum e de uma maneira bastante difícil de praticar para homens cujos órgãos grosseiros eram pouco exercitados, e mais difícil ainda de conceber nela mesma, já que esse acordo unânime deve ter sido motivado e a fala parece ter sido muito necessária para estabelecer o uso da fala.

Deve-se julgar que as primeiras palavras que os homens usaram tiveram em seu espírito uma significação muito mais extensa do que aquelas empregadas nas línguas já formadas e que, ignorando a divisão do discurso em suas partes constitutivas, eles deram inicialmente a cada palavra o sentido de uma proposição inteira. Quando começaram a distinguir o sujeito do atributo, e o verbo do nome, o que não foi um pequeno esforço de espírito, os substantivos não foram senão nomes próprios, e o infinitivo foi o único tempo dos verbos; com relação aos adjetivos, sua noção deve ter-se desenvolvido com muita dificuldade, porque todo adjetivo é uma palavra abstrata, e as abstrações são operações penosas e pouco naturais.

Cada objeto recebeu inicialmente um nome particular, sem levar em conta gênero e espécie, que esses primeiros instituidores não tinham condições de distinguir; e todos os indivíduos se apresentaram isolados a seu espírito, como o são no quadro da natureza. Se um carvalho chamava-se A, um outro carvalho chamava-se B*, de modo que, quanto mais limitados eram os conhecimentos, mais extenso ficou sendo o dicionário. A dificuldade de toda essa nomenclatura não pôde ser vencida facilmente, visto que para classificar os seres sob denominações comuns e genéricas, era preciso conhecer suas propriedades e diferenças; era preciso haver bem mais observações e definições, isto é, história natural e metafísica, do que os homens desse tempo podiam ter.

Aliás, as ideias gerais só podem ser introduzidas no espírito com o auxílio das palavras, e o entendimento só as apreende por proposições. É uma das razões pelas quais os animais não saberiam formar tais ideias, nem jamais adquirir a *perfectibilidade* que delas depende. Quando um

* A primeira ideia que se faz de duas coisas é que elas não são a mesma; e geralmente é preciso muito tempo para observar o que têm em comum. (Ed. 1782)

macaco vai sem hesitar de uma noz a outra, é porque tem a ideia geral desse tipo de fruto e compara seu arquétipo a esses dois indivíduos? Certamente não. Mas a visão de uma dessas nozes traz à sua memória as sensações que ele recebeu da outra, e seus olhos, modificados de uma certa maneira, anunciam a seu paladar a modificação que receberá. Toda ideia geral é puramente intelectual; basta que a imaginação intervenha para que a ideia logo se torne particular. Procurem traçar a imagem de uma árvore em geral: embora tentem, nunca conseguirão, pois sempre a verão pequena ou grande, desfolhada ou copada, clara ou escura, e, se dependesse de nós ver apenas o que se encontra em toda árvore, essa imagem não se assemelharia mais a uma árvore. Os seres puramente abstratos são vistos desse modo e concebidos apenas pelo discurso. A simples definição do triângulo nos dá sua verdadeira ideia; tão logo o imaginamos no espírito, trata-se de um determinado triângulo e não de um outro qualquer, e não podemos evitar de fazer suas linhas sensíveis e seu plano colorido. É preciso, portanto, enunciar proposições, é preciso falar para ter ideias gerais, uma vez que, quando a imaginação se interrompe, o espírito avança apenas com o auxílio do discurso. Assim, se os primeiros inventores só puderam dar nomes às ideias que já possuíam, segue-se que os primeiros substantivos nunca puderam ser senão nomes próprios.

Mas quando, por meios que não concebo, nossos novos gramáticos começaram a estender suas ideias e a generalizar suas palavras, a ignorância dos inventores deve ter submetido esse método a limites muito estreitos; e, como de início haviam multiplicado em excesso os nomes dos indivíduos, por não conhecer os gêneros e as espécies, eles em seguida estabeleceram muito poucas espécies e gêneros por não terem considerado os seres em todas as suas diferenças. Para levar as divisões bastante longe, seria preciso mais experiência e luz do que possuíam, assim como mais pesquisa e trabalho do que queriam empregar. Ora, se mesmo hoje se descobrem a cada dia novas espécies que escaparam até agora a nossas observações, imagine-se o que deve ter-se furtado a homens que julgavam as coisas apenas pelo primeiro aspecto! Quanto às classes primitivas e às noções mais gerais, é supérfluo acrescentar que devem ter-lhes escapado ainda mais. Como teriam eles, por exemplo, imaginado ou entendido as palavras matéria, espírito, substância, modo, figura, movimento, se mesmo nossos filósofos, que delas se servem há tanto tempo, têm muita dificuldade de entendê-las, e se as ideias associadas a essas palavras, sendo puramente metafísicas, não têm nenhum modelo na natureza?

Detenho-me nesses primeiros passos e peço a meus juízes que suspendam aqui sua leitura para considerar, a partir da simples invenção dos substantivos físicos, isto é, a parte da língua mais fácil de encontrar, o caminho que lhe resta fazer para exprimir todos os pensamentos dos homens, adquirir uma forma constante, poder ser falada em público e influir sobre a sociedade. Peço que reflitam sobre o tempo e os conhecimentos que foram necessários para descobrir os números[XIV], as palavras abstratas, o aoristo[14] e todos os tempos verbais, as partículas, a sintaxe, ligar as proposições, os raciocínios e formar toda a lógica do discurso. Quanto a mim, atemorizado com as dificuldades que se multiplicam e convencido da impossibilidade quase demonstrada de que as línguas tenham podido nascer e se estabelecer por meios puramente humanos, deixo, a quem quiser empreender, a discussão do difícil problema de saber o que foi mais necessário: a sociedade já formada para a instituição das línguas, ou as línguas já inventadas para a formação da sociedade.

Seja o que for dessas origens, percebe-se ao menos,

14. Tempo da conjugação grega correspondente ao passado, mas sem determinar se a ação está inteiramente realizada no momento em que se fala. (N.T.)

no escasso cuidado da natureza de aproximar os homens por necessidades mútuas e de lhes facilitar o uso da fala, o quanto ela preparou pouco a sociabilidade deles e o pouco que pôs de si mesma em tudo o que eles fizeram para estabelecer seus laços. De fato, é impossível imaginar por que, nesse estado primitivo, um homem teria mais necessidade de outro homem do que um macaco ou um lobo de seu semelhante; ou imaginar, suposta essa necessidade, que motivo poderia levar o outro a atendê-la; ou ainda, nesse último caso, de que maneira eles poderiam estabelecer entre si condições. Sei que nos repetem incessantemente que nada teria sido tão miserável como o homem nesse estado; e se é verdade, como acredito ter provado, que só depois de muitos séculos ele pôde ter o desejo e a ocasião de sair desse estado, seria o caso de acusar a natureza e não aquele que ela teria assim constituído. No entanto, se entendo bem esse termo *miserável*, trata-se de uma palavra que não tem sentido algum, ou que significa apenas uma privação dolorosa e o sofrimento do corpo ou da alma. Ora, gostaria então que me explicassem qual pode ser o tipo de miséria de um ser livre que está com o coração em paz e o corpo em saúde. Pergunto qual das duas, a vida civil ou a natural, é a mais sujeita a tornar-se insuportável aos que a vivem. Ao nosso redor, quase só vemos pessoas que se queixam de sua existência; algumas inclusive privam-se dela quando podem, e a reunião das leis divina e humana mal consegue deter essa desordem. Pergunto se alguma vez se ouviu falar de um selvagem em liberdade que se queixasse da vida e quisesse se matar. Portanto, que se julgue com menos orgulho de que lado está a verdadeira miséria. Ao contrário, nada teria sido tão miserável quanto o homem selvagem ofuscado por luzes, atormentado por paixões e raciocinando sobre um estado diferente do seu. Foi por uma providência muito sábia que as faculdades, que ele possuía em potência, só devessem se desenvolver com as ocasiões de exercê-las a fim de não serem nem supérfluas e onerosas antes do tempo, nem tardias e inúteis quando necessárias. No instinto ele tinha tudo o que precisava para viver no estado de natureza; numa razão cultivada ele tem apenas o que precisa para viver em sociedade.

Parece, primeiramente, que os homens nesse estado, não tendo entre si nenhuma espécie de relação moral nem deveres conhecidos, não podiam ser nem bons nem maus e não tinham nem vícios nem virtudes, a menos que, tomando essas palavras num sentido físico, chamemos vícios, no indivíduo, as qualidades que podem prejudicar sua própria conservação, e virtudes as que podem favorecê-la; e, nesse caso, deveríamos chamar de mais virtuoso aquele que menos resistisse aos simples impulsos da natureza. Todavia, sem nos afastarmos do sentido ordinário, convém suspender o julgamento que poderíamos fazer sobre uma tal situação e desconfiar de nossos preconceitos até que, com a balança na mão, tenhamos examinado se há mais virtudes do que vícios entre os homens civilizados; ou se suas virtudes são mais vantajosas do que lhes são funestos os vícios; ou se o progresso de seus conhecimentos é uma compensação suficiente dos males que se fazem mutuamente, à medida que se instruem sobre o bem que deveriam praticar; ou se eles não estariam, afinal de contas, numa situação mais feliz se não tivessem nem mal a temer nem bem a esperar de ninguém, em vez de se submeter a uma dependência universal e de se obrigar a tudo receber dos que se obrigam a nada lhes dar.

Não concluamos com Hobbes, principalmente, que, por não ter nenhuma ideia da bondade, o homem é naturalmente mau, que é vicioso porque não conhece a virtude e que recusa sempre a seus semelhantes serviços que julga não lhes dever; nem concluamos que, em virtude do direito que se atribui com razão sobre as coisas de que necessita, ele se imagine loucamente ser o único proprietário de todo o universo. Hobbes percebeu muito bem o defeito de todas as definições modernas do direito natural, mas as consequências que tira da sua definição mostram que ele a toma num sentido que não é menos falso. Ao raciocinar sobre os princípios que estabelece, esse autor devia dizer que, sendo o estado de natureza aquele em que o cuidado com nossa conservação é o menos prejudicial ao de outrem, esse estado era consequentemente o mais apropriado à paz e o mais conveniente ao gênero humano. Ele diz precisamente o contrário, por ter erradamente introduzido, no cuidado da conservação do homem selvagem, a necessidade de satisfazer a uma série de paixões que são obra da sociedade e que tornaram as leis necessárias. O indivíduo mau, diz ele, é uma criança robusta. Resta saber se o homem selvagem é uma criança robusta. Ainda que concordássemos, o que concluiríamos disso? Se esse homem, quando robusto, fosse tão dependente dos outros como quando é fraco, não haveria excesso algum a que não se entregasse: bateria na mãe quando ela tardasse a lhe dar o peito, estrangularia um irmão mais moço quando fosse incomodado por ele, morderia a perna de outro quando estivesse ferido ou perturbado. Mas, no estado de natureza, são duas suposições contraditórias ser robusto e dependente. O homem é fraco quando dependente e se emancipa antes de ser robusto. Hobbes não viu que a mesma causa que impede os selvagens de usar a razão, como afirmam nossos juristas, também os impede de abusar de suas faculdades, como ele mesmo afirma. De modo que poderíamos dizer que os selvagens não são maus, precisamente porque não sabem o que é ser bons, pois não é nem o desenvolvimento das luzes nem o freio da lei, mas a calma das paixões e a ignorância do vício que os impede de fazer o mal: *tanto plus in illis proficit vitiorum ignoratio, quam in his cognitio virtutis*[15].

15. "Neles, a ignorância dos vícios é mais eficaz do que é nos outros o conhecimento da virtude", frase de Justino (*Histórias*, II, cap. 2), a propósito da barbárie dos citas em relação aos gregos. (N.T.)

Aliás, há um outro princípio que Hobbes não percebeu e que, tendo sido dado ao homem para suavizar, em certas circunstâncias, a ferocidade do amor-próprio, ou o desejo de conservar-se antes do nascimento desse amor[XV], tempera o ardor que ele tem por seu bem-estar com uma repugnância inata de ver sofrer seu semelhante. Não creio ter nenhuma contradição a temer ao conceder ao homem a única virtude natural que o detrator mais acirrado das virtudes humanas foi forçado a reconhecer.[16] Falo da piedade, disposição que convém a seres tão fracos e sujeitos a tantos males como somos, virtude tanto mais universal e tanto mais útil ao homem por preceder nele o uso de toda reflexão e tão natural que os próprios animais dão às vezes sinais sensíveis dela. Sem falar da ternura das mães pelos filhotes e dos perigos que enfrentam para protegê-los, observamos diariamente a repugnância que têm os cavalos de pisotear um corpo vivo. Um animal não passa sem inquietação junto a um animal morto de sua espécie, alguns chegam mesmo a dar-lhe uma sepultura. E os tristes mugidos do gado ao entrar no matadouro anunciam a impressão que ele recebe do horrível espetáculo percebido. É com prazer que vemos o autor de *A fábula das abelhas* forçado a reconhecer o homem como um ser compassivo e sensível e a abandonar, no exemplo que oferece, seu estilo frio e sutil para nos dar a patética imagem de um homem aprisionado que vê, do lado de fora, um animal feroz arrancar uma criança do seio de sua mãe, romper com seus dentes mortíferos os membros frágeis e rasgar com as unhas as entranhas palpitantes dessa criança. Que terrível agitação não sente essa testemunha de um acontecimento pelo qual não tem nenhum interesse pessoal? Que angústia não sofre ante essa visão por não poder prestar nenhum socorro à mãe desfalecida nem à criança atacada?

Tal é o puro movimento da natureza, anterior a toda re-

16. Alusão a Bernard de Mandeville, autor de *A fábula das abelhas* (1723), que Rousseau mencionará a seguir. (N.T.)

flexão: tal é a força da piedade natural que os costumes mais depravados ainda têm dificuldade de destruir, pois vemos diariamente, em nossos espetáculos, enternecer-se e chorar ante as desgraças de um infortunado aquele que, se estivesse no lugar do tirano, agravaria ainda mais os tormentos de seu inimigo.* Mandeville percebeu bem que, com toda a sua moral, os homens nunca seriam mais que monstros se a natureza não lhes tivesse dado a piedade em apoio da razão, mas não viu que dessa simples qualidade decorrem todas as virtudes sociais que ele quer contestar aos homens. De fato, o que é a generosidade, a clemência, a humanidade, senão a piedade aplicada aos fracos, aos culpados ou à espécie humana em geral? Mesmo a benevolência e a amizade, se pensarmos bem, são produtos de uma piedade constante, fixada num objeto particular: desejar que alguém não sofra que outra coisa é senão desejar que seja feliz? Mesmo se fosse verdade que a comiseração é apenas um sentimento que nos põe no lugar daquele que sofre, sentimento obscuro e intenso no homem selvagem, desenvolvido mas fraco no homem civil, que importaria essa ideia à verdade do que digo senão para lhe dar mais força? De fato, a comiseração será tanto mais enérgica quanto mais intimamente o animal espectador se identificar com o animal sofredor. Ora, é evidente que essa identificação deve ter sido infinitamente maior no estado de natureza do que no estado de raciocínio. É a razão que engendra o amor-próprio e é a reflexão que o fortalece. É ela que faz o homem voltar-se sobre si mesmo e

---

* Como o sanguinário Sila, tão sensível aos males que não havia causado, ou como Alexandre de Fers, que não ousava assistir à representação de nenhuma tragédia por medo de que o vissem gemer com Andrômaca e Príamo, enquanto escutava sem emoção os gritos dos muitos cidadãos degolados diariamente por sua ordem.

Mollissima corda / Humano generi dare se Natura fatetur, / Quae lacrymas dedit. (Ed. 1782) ["A ternura do coração é o dom que a natureza mostra ter dado ao gênero humano ao lhe dar as lágrimas." – Juvenal, *Sátira XV*, 131-133]. (N.T.)

separá-lo de tudo o que o incomoda e o aflige. É a filosofia que o isola; é por ela que ele diz em segredo, à visão de um homem que sofre: "Morre, se quiseres; quanto a mim, estou seguro". São apenas os perigos da sociedade inteira que perturbam o sono tranquilo do filósofo e o arrancam do leito. Pode-se impunemente degolar um semelhante sob sua janela; ele apenas colocará as mãos sobre os ouvidos e argumentará um pouco consigo mesmo para impedir que a natureza, revoltada dentro dele, o identifique com aquele que assassinam. O homem selvagem não tem esse admirável talento e, por falta de sabedoria e de razão, vemo-lo sempre entregar-se irrefletidamente ao primeiro sentimento de humanidade. Nos tumultos, nas brigas de rua, a populaça se reúne, o homem prudente se afasta. É a canalha, são as mulheres do mercado que separam os combatentes e impedem os homens de bem de se matarem mutuamente.

Portanto, é certo que a piedade é um sentimento natural que, moderando em cada indivíduo a atividade do amor de si mesmo, contribui para a conservação mútua de toda a espécie. É ela que nos leva, sem reflexão, a socorrer aqueles que vemos sofrer; é ela que, no estado de natureza, ocupa o lugar das leis, dos costumes e da virtude, com a vantagem de que ninguém é tentado a desobedecer à sua doce voz. É ela que fará um selvagem robusto não tirar de uma criança fraca, ou de um velho inválido, sua subsistência adquirida com dificuldade, se ele mesmo espera poder encontrar a sua noutra parte. É ela que, em vez desta máxima sublime de justiça refletida: *Faz a outrem como queres que te façam*, inspira a todos os homens esta outra máxima de bondade natural bem menos perfeita, porém mais útil, talvez, que a precedente: *Faz o teu bem com o menor mal possível a outrem*. Em suma, é nesse sentimento natural, mais do que em argumentos sutis, que devemos buscar a causa da repugnância que todo homem sentiria de fazer o mal, mesmo independentemente das máximas da educação. Não obstante homens como Sócrates e os espíritos de sua têmpera tenham podido adquirir a virtude pela razão, o gênero humano teria há muito deixado de existir se sua conservação dependesse apenas dos raciocínios desses homens.

Com paixões tão pouco ativas e um freio tão salutar, os homens, mais ferozes do que maus e mais atentos em proteger-se do mal que podem receber do que tentados a praticá-lo em outrem, não estavam sujeitos a disputas muito perigosas. Como não tinham entre si nenhuma espécie de comércio, não conhecendo, portanto, nem a vaidade, nem a consideração, nem a estima, nem o desprezo; como não tinham a menor noção do teu e do meu, nem nenhuma noção verdadeira de justiça; como consideravam as violências, passíveis de suportar, como um mal fácil de reparar e não como uma injúria a ser punida; como não pensavam sequer na vingança, a não ser maquinalmente e na mesma hora, como o cão que morde a pedra que lhe atiram, suas disputas raramente teriam consequências sangrentas se tivessem por objeto sensível apenas o alimento. Mas vejo um outro mais perigoso, do qual devo falar.

Entre as paixões que agitam o coração do homem, há uma ardente, impetuosa, que faz um sexo necessário ao outro, paixão terrível que enfrenta todos os perigos, derruba todos os obstáculos e em sua fúria parece própria a destruir o gênero humano que ela é destinada a conservar. Que acontece com os homens expostos a essa paixão desenfreada e brutal, sem pudor, sem reserva, que disputa diariamente seus amores ao preço de seu sangue?

É preciso primeiro convir que, quanto mais violentas são as paixões, mais necessárias são as leis para contê-las. Contudo, além de as desordens, e os crimes que estas causam diariamente entre nós, mostrarem a insuficiência das leis nesse ponto, seria bom examinar também se essas desordens não nasceram com as leis mesmas, pois nesse caso, ainda que fossem capazes de reprimi-las, o mínimo que se deveria exigir das leis é que detivessem um mal que não existiria sem elas.

Comecemos por distinguir o moral do físico no sentimento do amor. O físico é o desejo geral que leva um sexo a se unir ao outro. O moral é o que determina esse desejo e o fixa exclusivamente num único objeto ou, pelo menos, o que lhe dá, por esse objeto preferido, um maior grau de energia. Ora, é fácil perceber que o moral do amor é um sentimento artificial, nascido do costume da sociedade e celebrado pelas mulheres com muita habilidade e cuidado para estabelecer seu império e tornar dominante o sexo que deveria obedecer. Esse sentimento, estando baseado em certas noções de mérito e de beleza que um selvagem não pode ter, e em comparações que não tem condições de fazer, deve ser quase nulo para ele. Como seu espírito não pôde formar ideias abstratas de regularidade e de proporção, seu coração tampouco é capaz dos sentimentos de admiração e de amor que, mesmo sem se perceber, nascem da aplicação dessas ideias; ele escuta unicamente o temperamento que recebeu da natureza, e não o gosto que não pôde adquirir: qualquer mulher é boa para ele.

Limitados apenas ao físico do amor, e bastante felizes por ignorar as preferências que irritam esse sentimento e aumentam suas dificuldades, os homens devem sentir com menos frequência e menos intensamente os ardores do temperamento e, por conseguinte, as disputas entre si devem ser mais raras e menos cruéis. A imaginação, que causa tanta devastação entre nós, não fala a corações selvagens; cada um espera tranquilamente o impulso da natureza, entrega-se a ele sem escolha, com mais prazer do que furor, e, satisfeita a necessidade, todo o desejo se extingue.

Portanto, é incontestável que o amor, assim como todas as outras paixões, só adquiriu na sociedade esse ardor impetuoso que o torna tão frequentemente funesto aos homens, e é ridículo representar os selvagens como incessantemente matando-se entre si para saciar sua brutalidade, opinião diretamente contrária à experiência, pois os caraíbas, que de todos os povos existentes é o que menos se afastou do estado de natureza, são precisamente os mais pacíficos em seus amores e os menos sujeitos ao ciúme, embora vivendo sob um clima quente que parece dar a essas paixões uma maior atividade.

Quanto às induções que poderiam ser feitas em várias espécies de animais, aos combates dos machos que ensanguentam nossos galinheiros ou que, na primavera, fazem ressoar seus gritos nas florestas ao disputar a fêmea, é preciso começar por excluir as espécies nas quais a natureza estabeleceu, no poder relativo dos sexos, relações diferentes das nossas. Assim, os combates dos galos não servem de indução para a espécie humana. Nas espécies em que a proporção é melhor observada, esses combates só podem ter por causa a escassez das fêmeas em relação ao número de machos, ou os intervalos exclusivos durante os quais a fêmea recusa constantemente a aproximação do macho, o que equivale à primeira causa; pois, se cada fêmea só aceita o macho durante dois meses do ano, é como se o número de fêmeas fosse cinco sextos menor. Ora, nenhum desses casos se aplica à espécie humana, na qual o número de fêmeas geralmente ultrapassa o de machos e na qual nunca se observou, mesmo entre os selvagens, que as fêmeas tenham, como em outras espécies, tempos de cio e de exclusão. Além disso, entre vários desses animais, cuja espécie inteira entra ao mesmo tempo em efervescência, sucede um momento terrível de ardor comum, tumulto, desordem e combate, momento que não ocorre na espécie humana, na qual o amor nunca é periódico. Portanto, não se pode concluir dos combates de certos animais pela posse das fêmeas que o mesmo aconteceria ao homem no estado de natureza; e ainda que se pudesse tirar essa conclusão, como essas disputas não destroem as outras espécies, deve-se pensar, pelo menos, que elas não seriam mais funestas à nossa e provavelmente causariam menos devastação do que causam na sociedade, sobretudo nos países onde, valendo os costumes alguma coisa, o ciúme dos amantes e a vingança dos esposos provocam diariamente duelos, assassinatos e situações piores, em que o dever de uma eterna fidelidade serve apenas para fazer adultérios e em que as leis mesmas de continência e de honra estendem necessariamente a devassidão e multiplicam os abortos.

Concluamos que, vagando nas florestas sem indústria, sem palavra, sem domicílio, sem guerra e sem ligações, sem nenhuma necessidade de seus semelhantes, assim como sem nenhum desejo de prejudicá-los, talvez até sem nunca reconhecer algum deles individualmente, o homem selvagem, sujeito a poucas paixões e bastando-se a si mesmo, tinha apenas os sentimentos e as luzes próprios a esse estado, porque só sentia suas verdadeiras necessidades, só olhava o que tinha interesse de ver, e sua inteligência não fazia mais progressos do que sua vaidade. Se por acaso fazia alguma descoberta, era incapaz de comunicá-la, pois nem sequer reconhecia os filhos. A arte perecia com o inventor. Não havia nem educação nem progresso; as gerações multiplicavam-se inutilmente. Partindo cada uma sempre do mesmo ponto, os séculos transcorriam na grosseria das primeiras idades, a espécie já era velha e o homem permanecia sempre criança.

Se me estendi tão longamente sobre a suposição dessa condição primitiva, é porque, tendo antigos erros e preconceitos inveterados a destruir, acreditei dever cavar até a raiz e mostrar no quadro do verdadeiro estado de natureza o quanto a desigualdade, mesmo natural, está longe de ter nesse estado tanta realidade e influência como afirmam nossos escritores.

Com efeito, é fácil ver que, entre as diferenças que

distinguem os homens, muitas que são tidas por naturais são unicamente o resultado do hábito e dos diversos gêneros de vida que os homens adotam na sociedade. Assim, um temperamento robusto ou delicado, e a força ou a fraqueza que dele dependem, em geral se deve mais à maneira dura ou efeminada como se foi educado do que à constituição primitiva dos corpos. O mesmo ocorre com as forças do espírito: a educação não apenas cria diferença entre os espíritos cultivados e os que não o são, mas também aumenta a que existe entre os primeiros na proporção da cultura. Se um gigante e um anão marcham no mesmo caminho, cada passo de um e de outro dará uma nova vantagem ao gigante. Ora, se compararmos a diversidade prodigiosa de educações e de gêneros de vida que reina nas diferentes ordens do estado civil com a simplicidade e a uniformidade da vida animal e selvagem, na qual todos comem a mesma comida, vivem da mesma maneira e fazem exatamente as mesmas coisas, compreenderemos o quanto a diferença de homem a homem deve ser menor no estado de natureza do que no de sociedade, e o quanto a desigualdade natural deve aumentar na espécie humana pela desigualdade de instituição.

Mas ainda que a natureza mostrasse na distribuição de seus dons tantas preferências como afirmam, que vantagem os mais favorecidos teriam, em detrimento dos outros, num estado de coisas que não admitisse quase nenhuma espécie de relação entre eles? Onde não há amor, de que servirá a beleza? Que será o espírito para homens que não falam, e a astúcia para os que não têm interesses? Sempre ouço repetir que os mais fortes oprimirão os fracos, mas que me expliquem o que se quer dizer com a palavra opressão. Uns dominarão com violência, os outros gemerão subjugados a todos os seus caprichos: eis aí, precisamente, o que se observa entre nós, mas não vejo como se poderia dizer isso dos selvagens, para quem seria difícil até mesmo fazer entender o que é servidão e dominação. Um homem poderá se apoderar dos frutos que outro colheu, da caça que matou, da caverna que lhe servia de abrigo, mas conseguiria fazer obedecer-se? E quais poderiam ser as correntes da dependência entre homens que nada possuem? Se me expulsam de uma árvore, sou livre para ir a uma outra. Se me atormentam num lugar, quem me impedirá de buscar um outro? Haverá um homem de uma força bastante superior à minha e, além disso, bastante depravado, perigoso e feroz para obrigar-me a prover sua subsistência enquanto permanece ocioso? É preciso que ele esteja disposto a não me perder de vista um só instante e que me mantenha preso com grande cuidado durante seu sono por temor de que eu escape ou o mate: ou seja, ele é obrigado a expor-se voluntariamente a um esforço bem maior que o que quer evitar e o que impõe a mim mesmo. Depois de tudo isso, sua vigilância se relaxa por um momento? Um ruído imprevisto lhe faz virar a cabeça? Dou vinte passos na floresta, rompo meus grilhões e ele nunca mais torna a me ver.

Sem prolongar inutilmente esses detalhes, cada um deve perceber que, como os laços da servidão só se formam pela dependência mútua dos homens e pelas necessidades recíprocas que os unem, é impossível subjugar um homem sem tê-lo antes colocado na situação de não poder viver sem um outro, situação que, não existindo no estado de natureza, deixa cada um livre do jugo e torna vã a lei do mais forte.

Após ter provado que a desigualdade mal se percebe no estado de natureza e que sua influência ali é quase nula, resta-me mostrar sua origem e seus progressos nos desenvolvimentos sucessivos do espírito humano. Após ter mostrado que a *perfectibilidade*, as virtudes sociais e as outras faculdades que o homem natural recebeu em potência nunca podiam se desenvolver por si mesmas, que elas tinham necessidade do concurso fortuito de várias causas estranhas que podiam jamais ter nascido, e sem as quais ele teria permanecido eternamente em sua condição primitiva, resta-me considerar e aproximar os diferentes acasos que puderam aperfeiçoar a razão humana deteriorando a espécie, tornar má uma criatura ao torná-la sociável e, de uma origem tão distante, trazer finalmente o homem e o mundo ao ponto em que os vemos.

Admito que, como os acontecimentos que vou descrever podem ter ocorrido de várias maneiras, não posso me decidir sobre a escolha a não ser por conjecturas. No entanto, além de essas conjecturas se tornarem razões quando são as mais prováveis que se pode fazer sobre a natureza das coisas e os únicos meios que se pode ter para descobrir a verdade, as consequências que quero deduzir das minhas nem por isso serão conjecturais, uma vez que, a partir dos princípios que acabo de estabelecer, não se poderia formar nenhum outro sistema que me fornecesse os mesmos resultados e do qual eu pudesse tirar as mesmas conclusões.

Isso me dispensará de estender minhas reflexões sobre a maneira pela qual o lapso de tempo compensa a pouca verossimilhança dos acontecimentos, sobre o poder surpreendente das causas muito pequenas quando elas agem ininterruptamente, sobre a nossa impossibilidade de, por um lado, destruir certas hipóteses se, por outro, não temos condições de lhes dar o grau de certeza dos fatos. Quando dois fatos dados como reais devem ser ligados por uma série de fatos intermediários, desconhecidos ou considerados como tais, cabe à história, se a temos, apresentar os fatos que os ligam; se não a temos, cabe à filosofia determinar os fatos semelhantes que podem ligá-los. Enfim, em matéria de acontecimentos, a similitude reduz os fatos a um número de classes diferentes bem menor do que se imagina. Baste-me oferecer esses objetos à consideração de meus juízes; baste-me agir de modo que os leitores comuns não tenham necessidade de considerá-los.

SEGUNDA PARTE

O PRIMEIRO QUE, ao cercar um terreno, teve a audácia de dizer *isto é meu* e encontrou gente bastante simples para acreditar nele foi o verdadeiro fundador da sociedade civil. Quantos crimes, guerras e assassinatos, quantas misérias e horrores teria poupado ao gênero humano aquele que, arrancando as estacas e cobrindo o fosso, tivesse gritado a seus semelhantes: "Não escutem esse impostor! Estarão perdidos se esquecerem que os frutos são de todos e a terra é de ninguém!". Mas é muito provável que as coisas já houvessem chegado então ao ponto de não poderem mais durar como eram. A ideia de propriedade, dependendo de muitas ideias anteriores que só puderam nascer sucessivamente, não se formou de repente no espírito humano. Foi preciso fazer muitos progressos, adquirir muita indústria e muitas luzes, transmiti-las e aumentá-las de geração em geração, antes de se chegar a esse último termo do estado de natureza. Retomemos, pois, as ideias antes mencionadas e procuremos reunir sob um único ponto de vista essa lenta sucessão de acontecimentos e de conhecimentos em sua ordem mais natural.

O primeiro sentimento do homem foi o de sua existência; seu primeiro cuidado foi o de sua conservação. Os produtos da terra lhe forneciam todos os socorros necessários; o instinto o levou a utilizar-se deles. Como a fome e outros apetites lhe faziam experimentar sucessivamente diversas maneiras de existir, houve uma que o convidou a perpetuar sua espécie; e essa inclinação cega, desprovida de todo sentimento de coração, não era senão um ato puramente animal. Satisfeita a necessidade, os dois sexos não se reconheciam mais, e o próprio filho nada mais significava para a mãe assim que podia passar sem ela.

Tal foi a condição do homem nascente; tal foi a vida de um animal limitado inicialmente às puras sensações que, mal se aproveitando dos dons que a natureza oferecia, estava longe de pensar em arrancar-lhe algo. Mas logo se apresentaram dificuldades, e foi preciso aprender a vencê-las: a altura das árvores, que o impedia de alcançar os frutos, a concorrência com os animais que buscavam alimentar-se deles, a ferocidade dos que lhe ameaçavam a própria vida, tudo o obrigou a aplicar-se aos exercícios corporais; ele precisou ser ágil, rápido na corrida, vigoroso no combate. As armas naturais que são os galhos das árvores e as pedras logo se acharam em suas mãos. Ele aprendeu a superar os obstáculos da natureza, a combater eventualmente os outros animais, a disputar sua subsistência com os outros homens, ou a se compensar do que era preciso ceder ao mais forte.

À medida que o gênero humano se ampliou, os trabalhos se multiplicaram com os homens. A diferença das terras, dos climas, das estações pôde forçá-los a incluí-la em sua maneira de viver. Anos estéreis, invernos longos e rudes, verões abrasadores que consomem tudo exigiram deles uma nova indústria. Ao longo do mar e dos rios, inventaram a linha e o anzol, tornaram-se pescadores e ictiófagos. Nas floresta, construíram arcos e flechas e se tornaram caçadores e guerreiros. Nos países frios, cobriram-se com as peles dos animais que matavam. O raio, um vulcão ou algum feliz acaso lhes fez conhecer o fogo, novo recurso contra o rigor do inverno. Aprenderam a conservar esse elemento, a reproduzi-lo e finalmente a preparar com ele as carnes que antes devoravam cruas.

Essa aplicação reiterada dos diversos seres a si mesmo, e de uns aos outros, deve naturalmente ter engendrado no espírito do homem as percepções de certas relações. Essas relações, que exprimimos com as palavras grande, pequeno, forte, fraco, rápido, lento, medroso, ousado e outras ideias semelhantes, comparadas eventualmente e quase sem pensar nelas, produziram enfim no homem uma espécie de reflexão, ou melhor, uma prudência maquinal que lhe indicava as precauções mais necessárias à sua segurança.

As novas luzes resultantes desse desenvolvimento aumentaram sua superioridade sobre os outros animais, dando-lhe consciência disso. Ele se exercitou em montar-lhes armadilhas, enganou-os de diversas maneiras, embora vários o ultrapassassem em força no combate ou em velocidade na corrida; dos que podiam servi-lo ou prejudicá-lo, tornou-se com o tempo o senhor de uns, o flagelo de outros. Foi assim que o primeiro olhar que dirigiu a si mesmo produziu-lhe um primeiro movimento de orgulho; foi assim que, mal sabendo ainda distinguir as categorias e considerando-se o primeiro por sua espécie, preparava-se de longe para pretender ser o primeiro como indivíduo.

Seus semelhantes, embora não fossem para ele o que são para nós, e com eles não houvesse um convívio muito maior do que com os outros animais, não foram esquecidos em suas observações. As conformidades que o tempo pôde lhe mostrar entre sua fêmea e ele mesmo o fizeram julgar sobre as que ele não percebia; vendo que todos se comportavam como ele se comportaria em tais circunstâncias, concluiu que a maneira de pensar e de sentir de todos era inteiramente conforme à sua, e essa importante verdade, bem-estabelecida em seu espírito, o fez adotar, por um pressentimento quase tão seguro e mais imediato do que a dialética, as melhores regras de conduta que, para sua vantagem e segurança, convinha manter com eles.

Instruído pela experiência de que o amor ao bem-estar é a única motivação das ações humanas, ele foi capaz de distinguir as raras ocasiões em que o interesse comum devia fazê-lo contar com a ajuda dos semelhantes daquelas, ainda mais raras, em que a concorrência devia fazê-lo desconfiar deles. No primeiro caso, unia-se aos outros em bando ou, quando muito, por alguma espécie de associação livre que não obrigava ninguém e que só durava o tempo da necessidade passageira que a havia formado. No segundo, cada um buscava sua vantagem, seja abertamente pela força, se acreditava poder fazê-lo, seja por habilidade e astúcia, caso se sentisse mais fraco.

Eis como os homens puderam imperceptivelmente adquirir uma ideia grosseira dos compromissos mútuos e da vantagem de cumpri-los, mas somente na medida em que o interesse presente e sensível pudesse exigir isso. A previdência nada significava para eles e, longe de se ocuparem com um futuro distante, não pensavam sequer no dia seguinte. Se era preciso caçar um veado, cada um sentia claramente que devia guardar fielmente seu posto; porém, se uma lebre passasse ao alcance de um deles, não há dúvida de que a perseguiria sem escrúpulo e, tendo apanhado a presa, pouco se preocuparia com a sorte dos companheiros.

É fácil compreender que tal convívio não exigia uma linguagem muito mais refinada do que a das gralhas ou a dos macacos, que se reúnem em bandos mais ou menos do mesmo modo. Gritos inarticulados, muitos gestos e alguns ruídos imitativos devem ter sido por muito tempo a língua universal, os quais, acrescidos em cada lugar por sons articulados e convencionais cuja instituição, como eu já disse, não é muito fácil explicar, produziram línguas particulares, mas grosseiras, imperfeitas e semelhantes às que têm hoje diversas nações selvagens. Percorro como um raio inúmeros séculos, forçado pelo correr do tempo, pela abundância das coisas que tenho a dizer e pelo progresso quase imperceptível dos começos, já que quanto mais lentamente se sucedem os acontecimentos, mais brevemente eles são descritos.

Esses primeiros progressos permitiram finalmente ao homem fazer outros mais rápidos. Quanto mais o espírito se esclarecia, mais a indústria se aperfeiçoava. Em breve, deixando de dormir sob a primeira árvore ou de se abrigar em cavernas, encontramos espécies de machados de pedras duras e cortantes que serviram para cortar madeira, cavar a terra e fazer choupanas de ramagens, a seguir revestidas de argila ou de lama. Foi a época de uma primeira revolução que determinou o estabelecimento e a distinção das famílias e que introduziu uma espécie de propriedade da qual já nasceram talvez muitas disputas e combates. No entanto, como os mais fortes foram provavelmente os primeiros a fazer moradias que julgavam capazes de defender, é de crer que os fracos acharam mais simples e mais seguro imitá-los do que tentar desalojá-los; quanto aos que já tinham cabanas, estes não devem ter buscado se apropriar da do vizinho, menos porque não lhes pertencia, e sim porque lhes era inútil e porque não podiam tomá-la sem expor-se a um forte combate com a família que a ocupava.

Os primeiros progressos do coração foram o efeito de uma situação nova que reunia numa habitação comum os maridos e as mulheres, os pais e os filhos; o hábito de viver juntos fez nascer os mais doces sentimentos que os homens conhecem, o amor conjugal e o amor paterno. Cada família tornou-se uma pequena sociedade, tanto mais unida quanto a afeição recíproca e a liberdade eram seus únicos laços. E foi então que se estabeleceu a primeira diferença na maneira de viver dos dois sexos, até aí inexistente. As mulheres passaram a ser mais sedentárias e se acostumaram a cuidar da cabana e dos filhos, enquanto o homem ia buscar a subsistência comum. Os dois sexos começaram também, por uma vida mais branda, a perder um pouco de sua ferocidade e de seu vigor. Mas se cada um, separadamente, ficou menos apto a combater os animais selvagens, em compensação foi mais fácil reunir-se para resistir em grupo.

Nessa nova situação, com uma vida simples e solitária, com necessidades muito limitadas e com os instrumentos que haviam inventado para satisfazê-las, os homens, gozando de um lazer maior, dedicaram-no a obter vários tipos de comodidades desconhecidas de seus pais. E foi esse o primeiro jugo que se impuseram sem que o soubessem e a primeira fonte de males que preparavam a seus descendentes. Além de eles continuarem assim a amolecer o corpo e o espírito, essas comodidades perderam com o hábito quase todo o seu deleite e ao mesmo tempo se degeneraram em verdadeiras necessidades, de modo que sua privação tornou-se mais cruel do que era doce a posse, e as pessoas sentiam-se infelizes de perdê-las sem estarem felizes de possuí-las.

Entrevemos um pouco melhor aqui como o uso da fala se estabelece ou se aperfeiçoa imperceptivelmente no seio de cada família e podemos também conjecturar de que modo diversas causas particulares puderam estender a linguagem e acelerar seu progresso, tornando-a mais necessária. Grandes inundações ou terremotos cercaram de águas ou de precipícios as regiões habitadas. Revoluções do globo separaram e isolaram em ilhas porções do continente. Concebe-se que, entre homens aproximados desse modo e forçados a viver juntos, deve ter-se formado um idioma comum, mais do que entre os que vagavam livremente nas florestas da terra firme. Assim é muito possível que, após suas primeiras tentativas de navegação, alguns insulares tenham trazido até nós o uso da fala; e é pelo menos muito provável que a sociedade e as línguas nasceram nas ilhas e nelas se aperfeiçoaram antes de serem conhecidas no continente.

Tudo começa a mudar de aspecto. Ao adquirirem uma base mais fixa, os homens, até então errantes nos bosques, aproximam-se lentamente, reúnem-se em diversos grupos e formam enfim, em cada região, uma nação particular, unida por costumes e características, não por regulamentos e leis, mas pelo mesmo tipo de vida e de alimentos e pela influência comum do clima. Uma vizinhança permanente não pode deixar de engendrar finalmente alguma ligação entre diversas famílias. Jovens dos dois sexos habitam cabanas vizinhas, o contato passageiro que a natureza requer logo conduz a um outro, não menos doce e mais permanente, pelo convívio mútuo. Eles se acostumam a considerar diferentes objetos e a fazer comparações; adquirem imperceptivelmente ideias de mérito e de beleza que produzem sentimentos de preferência. De tanto se verem, não podem mais deixar de fazê-lo de novo. Insinua-se na alma um sentimento terno e doce que, à menor oposição, transforma-se em fúria impetuosa. O ciúme desperta com o amor, a discórdia triunfa e a mais doce das paixões recebe sacrifícios de sangue humano.

À medida que as ideias e os sentimentos se sucedem, que o espírito e o coração se exercitam, o gênero humano continua a se domesticar, as ligações se estendem e os laços se estreitam. Os homens passam a se reunir diante das cabanas ou em volta de uma grande árvore: o canto e a dança, verdadeiros filhos do amor e do lazer, tornam-se o divertimento, ou melhor, a ocupação dos homens e das mulheres ociosos e agrupados. Cada um começa a olhar os outros e a querer ser olhado ele próprio, e a estima pública teve um preço. Quem cantava ou dançava melhor, o mais belo, o mais forte, o mais habilidoso ou o mais eloquente tornou-se o mais considerado, e esse foi o primeiro passo tanto para a desigualdade quanto para o vício: dessas primeiras preferências nasceram, por um lado, a vaidade e o desprezo; por outro, a vergonha e a inveja. A fermentação causada por esses novos germes produziu finalmente compostos funestos para a felicidade e a inocência.

Assim que os homens começaram a se apreciar mutuamente e a ideia de consideração se formou em seu espírito, cada um pretendeu ter direito a ela, e a ninguém mais foi possível deixar de tê-la impunemente. Daí surgiram os primeiros deveres da civilidade, mesmo entre os selvagens, e toda afronta se tornou um ultraje, porque, com o mal que resultava da injúria, o ofendido via o desprezo de sua pessoa geralmente mais insuportável que o mal em si. Foi assim, cada um punindo o desprezo que lhe mostravam de uma maneira proporcional à importância que fazia de si mesmo, que as vinganças se tornaram terríveis, e os homens, sanguinários e cruéis. Eis aí precisamente o grau a que chegou a maioria dos povos selvagens que conhecemos; e foi por não terem distinguido suficientemente as ideias e observado o quanto esses povos já estavam distantes do primeiro estado de natureza que muitos se apressaram a concluir que o homem é naturalmente cruel e tem necessidade de polícia para abrandá-lo, quando nada é tão suave como o homem em seu estado primitivo. Colocado pela natureza a uma igual distância da estupidez dos brutos e das luzes funestas do homem civil, e limitando-se a proteger-se, pelo instinto e pela razão, contra o mal que o ameaça, ele é impedido pela piedade natural de fazer o mal a alguém sem ser forçado a isso por alguma coisa, mesmo tendo sofrido algum mal. Segundo o axioma do sábio Locke, *não poderia haver injúria onde não há propriedade.*[17]

Mas é preciso observar que a sociedade iniciada e as relações já estabelecidas entre os homens exigiam deles qualidades diferentes daquelas que traziam de sua constituição primitiva; começando a moralidade a se introduzir nas ações humanas, e sendo cada um, antes das leis, o único juiz e vingador das ofensas recebidas, a bondade que convinha ao puro estado de natureza não era mais a

17. John Locke (1632-1704). A frase é de seu *Ensaio sobre o entendimento humano*. (N.T.)

que convinha à sociedade nascente; e era preciso que as punições fossem mais severas à medida que as ocasiões de ofender se tornavam mais frequentes, o terror das vinganças fazendo então o papel do freio das leis. Assim, embora os homens se tivessem tornado menos tolerantes, e a piedade natural já tivesse sofrido alguma alteração, esse período do desenvolvimento das faculdades humanas, ocupando um justo meio-termo entre a indolência do estado primitivo e a petulante atividade de nosso amor-próprio, deve ter sido a época mais feliz e a mais duradoura. Quanto mais se reflete sobre isso, mais se percebe que esse estado era o menos sujeito a revoluções e o melhor para o homem[XVI], que só pôde abandoná-lo por algum funesto acaso que, para a utilidade comum, nunca devia ter acontecido. O exemplo conhecido de quase todos os selvagens, nesse ponto, parece confirmar que o gênero humano era feito para permanecer sempre aí, que esse estado é a verdadeira juventude do mundo; todos os progressos ulteriores foram, aparentemente, passos para a perfeição do indivíduo e, efetivamente, para a decrepitude da espécie.

Enquanto os homens se contentaram com suas cabanas rústicas, enquanto se limitaram a costurar suas roupas de peles com espinhos vegetais ou espinhas de peixe, a se enfeitar de plumas e conchas, a pintar o corpo com diversas cores, a aperfeiçoar ou embelezar seus arcos e flechas, a talhar com pedras afiadas canoas de pescadores ou grosseiros instrumentos de música, em suma, enquanto se dedicaram a trabalhos que um só podia fazer e a artes que não precisavam do concurso de várias mãos, eles viveram livres e sadios, bons e felizes como podiam ser por natureza, e continuaram a gozar entre si das doçuras de um comércio independente. Porém, desde o instante em que um homem teve a necessidade do auxílio de outro, desde que se percebeu que era útil a um só ter provisões para dois, a igualdade desapareceu, a propriedade se introduziu, o trabalho se tornou necessário e as vastas florestas se transformaram em campos viçosos que era preciso regar com o suor dos homens, nos quais logo se viu germinar e crescer a escravidão e a miséria com as colheitas.

A metalurgia e a agricultura foram as duas artes cuja invenção produziu essa grande revolução. Para o poeta foram o ouro e a prata, mas para o filósofo foram o ferro e o trigo que civilizaram os homens e puseram a perder o gênero humano. Tanto uma quanto a outra dessas artes eram desconhecidas dos selvagens da América que, por isso, permaneceram sempre selvagens; outros povos parecem ter continuado bárbaros enquanto praticavam uma delas sem a outra; e talvez uma das melhores razões pelas quais a Europa foi, se não mais cedo, ao menos mais constantemente e melhor civilizada do que as outras partes do mundo, é que ela é ao mesmo tempo a mais abundante em ferro e a mais fértil em trigo.

É muito difícil conjecturar como os homens chegaram a conhecer e a empregar o ferro, pois não dá para acreditar que imaginaram por si mesmos tirar matéria da mina e dar-lhe o preparo necessário para colocá-la em fusão antes de saber o que resultaria disso. Por outro lado, tampouco se pode atribuir essa descoberta a algum incêndio acidental, já que as minas se formam apenas em lugares áridos, desprovidos de árvores e plantas, como se a natureza tivesse tomado precauções para nos ocultar esse segredo fatal. Assim, não resta senão a circunstância extraordinária de algum vulcão que, expelindo matérias metálicas em fusão, terá dado aos observadores a ideia de imitar essa operação da natureza; e é preciso também supor-lhes muita coragem e previdência para empreender um trabalho tão penoso e considerar de longe as vantagens que podiam tirar, o que só convém a espíritos mais exercitados do que deviam ser.

Quanto à agricultura, seu princípio foi conhecido muito tempo antes que essa prática fosse estabelecida, e é quase impossível que os homens, sempre ocupados em tirar a subsistência das árvores e das plantas, não tenham formado rapidamente a ideia dos caminhos que a natureza emprega para a geração dos vegetais. Mas sua indústria só se voltou bastante tardiamente para esse lado: seja porque as árvores, que junto com a caça e a pesca lhes forneciam o alimento, não tinham necessidade de seus cuidados; seja porque não conheciam o uso do trigo ou porque lhes faltassem instrumentos para cultivá-lo; seja por falta de previdência da necessidade vindoura ou, enfim, por falta de meios para impedir os outros de se apropriarem do fruto de seu trabalho. Ao se tornarem mais industriosos, podemos supor que, com pedras e bastões pontiagudos, eles começaram por cultivar alguns legumes ou raízes ao redor de suas cabanas, muito antes de saberem preparar o trigo e de terem os instrumentos necessários para o cultivo em grande escala; sem contar que, para entregar-se a essa ocupação e semear a terra, é preciso decidir-se a perder primeiro alguma coisa para ganhar muito a seguir, precaução bastante afastada da feição de espírito do homem selvagem que, como eu disse, tem muita dificuldade de pensar, de manhã, em suas necessidades da noite.

A invenção das outras artes foi então necessária para forçar o gênero humano a dedicar-se à da agricultura. Tão logo foram necessários homens para fundir e forjar o ferro, foram necessários outros para alimentar estes. Enquanto se multiplicava o número de operários, havia menos mãos ocupadas em fornecer a subsistência comum, sem que houvesse menos bocas para consumir. E, como uns precisavam de gêneros alimentícios em troca do ferro, outros descobriram enfim o segredo de empregar o ferro para a multiplicação dos gêneros alimentícios. Daí nasceram, de um lado, a lavoura e a agricultura; de outro, a arte de trabalhar os metais e de multiplicar seus usos.

Do cultivo das terras seguiu-se necessariamente sua divisão; e da propriedade, uma vez reconhecida, as primeiras regras de justiça. Para dar a cada um o que é seu, é preciso que cada um possa ter alguma coisa. Além disso, como os homens começavam a dirigir suas vistas ao futuro e como todos viam que tinham alguns bens a perder, não havia nenhum que não precisasse temer, para si, a represália pelos danos que pudesse causar a outrem. Essa origem é tanto mais natural quanto é impossível conceber a ideia da propriedade nascente a não ser do trabalho, pois não se compreende como, para se apropriar das coisas que não fez, o homem possa pôr nelas algo mais do que seu trabalho. É somente o trabalho que, dando direito ao cultivador sobre o produto da terra que lavrou, lhe dá, portanto, direito sobre a gleba, pelo menos até a colheita, e assim de ano em ano, o que fez com que uma posse contínua se transformasse facilmente em propriedade. Quando os antigos, diz Grotius, deram a Ceres o epíteto de legisladora, e a uma festa celebrada em sua honra o nome de Tesmofórias, eles deram a entender com isso que a divisão das terras produziu uma nova espécie de direito, isto é, o direito de propriedade diferente daquele que resulta da lei natural.

As coisas nesse estado podiam ter permanecido iguais se os talentos fossem iguais e se houvesse um equilíbrio exato, por exemplo, no emprego do ferro e no consumo dos gêneros alimentícios. Mas a proporção, que em nada se mantinha, logo se rompeu; o mais forte realizava mais trabalho; o mais habilidoso tirava um melhor partido do seu; o mais engenhoso encontrava meios de abreviar o trabalho; o lavrador tinha mais necessidade de ferro, ou o ferreiro mais necessidade de trigo, e, trabalhando igualmente, um ganhava muito, enquanto o outro tinha dificuldade de viver. É assim que a desigualdade natural se desdobra imperceptivelmente com a desigualdade de arranjo, e as diferenças dos homens, desenvolvidas pelas das circunstâncias, tornam-se mais sensíveis, mais permanentes em seus efeitos, e começam a influir na mesma proporção sobre a sorte dos indivíduos.

Tendo as coisas chegado a esse ponto, é fácil imaginar o resto. Não me deterei em descrever a invenção sucessiva das outras artes, o progresso das línguas, a prova e o emprego dos talentos, a desigualdade das fortunas, o uso e o abuso das riquezas, nem tampouco os detalhes que os acompanham e que cada um pode acrescentar. Vou me limitar a lançar apenas uma vista de olhos sobre o gênero humano colocado nessa nova ordem de coisas.

Eis, então, todas as nossas faculdades desenvolvidas, a memória e a imaginação em jogo, o amor-próprio interessado, a razão tornada ativa e o espírito chegando quase à perfeição de que é capaz. Eis todas as qualidades naturais postas em ação, a posição e a sorte de cada homem estabelecidas não apenas pela quantidade dos bens e pelo poder de servir ou de prejudicar, mas também pelo espírito, pela beleza, pela força ou pela habilidade, pelo mérito ou pelos talentos; e, sendo essas qualidades as únicas que podiam atrair a consideração, logo foi preciso tê-las ou fingir tê-las. Foi preciso, para a vantagem pessoal, mostrar-se diferente do que se era de fato. Ser e parecer tornaram-se completamente diferentes, e dessa distinção saíram o luxo imponente, a astúcia enganadora e todos os vícios que os acompanham. Por outro lado, eis o homem, de livre e independente que era, sujeitado, por uma série de novas necessidades, a toda a natureza e, principalmente, a seus semelhantes, dos quais se torna o escravo, em certo sentido, mesmo quando é o senhor. Rico, tem necessidade de seus serviços; pobre, tem necessidade de seus amparos, e a situação média não lhe permite passar sem eles. É preciso, pois, que busque constantemente interessá-los por sua sorte e fazer com que encontrem alguma vantagem, de fato ou aparentemente, em trabalhar para si próprio. Isso o torna falso e artificioso com uns, imperioso e duro com outros, obrigando-o a ludibriar todos aqueles dos quais necessita, quando não pode fazer-se temer e quando não é de seu interesse servi-los utilmente. Enfim, a ambição devoradora, a vontade de elevar sua fortuna relativa, menos por uma verdadeira necessidade do que para se colocar acima dos outros, inspira a todos os homens uma sombria tendência a se prejudicarem mutuamente, um ciúme secreto que é tanto mais perigoso quanto, para desferir seu golpe com segurança, assume seguidamente a máscara da benevolência. Em suma: por um lado, concorrência e rivalidade; por outro, oposição de interesse e sempre o desejo oculto de tirar proveito à custa de outrem. Todos esses males são o primeiro efeito da propriedade e o cortejo inseparável da desigualdade nascente.

Antes que fossem inventados os sinais representativos das riquezas, elas não podiam consistir senão em terras e gado, os únicos bens reais que os homens eram capazes de possuir. Ora, quando os patrimônios cresceram em número e em extensão a ponto de cobrirem o solo inteiro e de todos se tocarem, uns só puderam crescer à custa dos outros, e os excedentes, que a fraqueza ou a indolência haviam impedido de fazer aquisições, empobrecidos sem nada terem perdido, foram obrigados a receber ou a roubar sua subsistência da mão dos ricos, e daí começaram a nascer, conforme a diversidade de caráter de uns e de outros, a dominação e a servidão, ou a violência e a rapina. Os ricos, por sua vez, assim que conheceram o prazer de dominar, logo desdenharam todos os demais e, servindo-se de seus antigos escravos para submeter novos, só pensaram em subjugar e escravizar seus vizinhos – como lobos famintos que, tendo uma vez comido carne humana, rejeitam qualquer outro alimento e só querem devorar homens.

Foi assim que os mais poderosos ou os mais miseráveis fizeram de sua força ou de suas necessidades uma espécie de direito ao bem de outrem, equivalente, segundo eles, ao direito de propriedade, e o rompimento da igualdade foi acompanhado da mais terrível desordem. Foi assim que as usurpações dos ricos, a pilhagem dos pobres e as paixões desenfreadas de todos, sufocando a piedade natural e a voz ainda fraca da justiça, tornaram os homens avarentos, ambiciosos e maus. Havia, entre o direito do mais forte e o direito do primeiro ocupante, um conflito perpétuo, que só terminava por combates e mortes[XVII]. A sociedade nascente deu ensejo ao mais horrível estado de guerra. O gênero humano, aviltado e desolado, não podendo mais voltar atrás nem renunciar às aquisições infelizes que fizera e trabalhando apenas para sua vergonha por ter abusado das faculdades que o dignificam, viu-se ele próprio diante da ruína.

Atonitus novitate mali, divesque miserque,
Effugere optat opes, et quae modo voverat, odit.[18]

Não é possível que os homens não fizessem, enfim, reflexões sobre uma situação tão miserável e sobre as calamidades que os oprimiam. Os ricos, principalmente, logo devem ter percebido o quanto lhes era desvantajosa uma guerra perpétua cujas despesas só eles pagavam, na qual o risco de vida era de todos e o risco dos bens só de alguns. Aliás, não importa a justificação que dessem de suas usurpações, eles sentiam claramente que a base delas era um direito precário e abusivo: o que fora obtido apenas pela força também lhes podia ser retirado pela força, sem que pudessem se queixar. Mesmo os que haviam enriquecido apenas pela indústria dificilmente podiam apoiar sua propriedade sobre melhores títulos. Era em vão que diziam: "Fui eu que construí este muro; conquistei este terreno por meu trabalho", pois podiam responder-lhe: "Quem lhe autorizou as demarcações? E por que razão pretende ser pago à nossa custa por um trabalho que não

18. "Assustado com um mal tão novo, rico e miserável ao mesmo tempo, ele quer escapar de suas riquezas e odeia o que pouco antes desejara" (Ovídio, *Metamorfoses*, XI, 127). (N.T.)

lhe impusemos? Acaso ignora que muitos de seus irmãos perecem ou passam necessidade por aquilo que você possui em excesso e que seria preciso um consentimento expresso e unânime do gênero humano para que se apropriasse daquilo que, na subsistência comum, ultrapassa a sua?" Destituído de razões válidas para se justificar e de forças suficientes para se defender, esmagando com facilidade um indivíduo mas esmagado ele mesmo por grupos de bandidos, sozinho contra todos e não podendo, por causa dos ciúmes mútuos, unir-se com seus iguais contra inimigos unidos pela esperança comum da pilhagem, o rico, pressionado pela necessidade, concebeu enfim o projeto mais ponderado que já teve o espírito humano: o de empregar a seu favor as forças daqueles mesmos que o atacavam, o de transformar seus adversários em seus defensores, inspirando-lhes outras formas de conduta e criando outras instituições que lhe fossem tão favoráveis quanto lhe era contrário o direito natural.

Tendo isso em vista, após expor aos vizinhos o horror de uma situação que armava todos uns contra os outros, que tornava suas posses tão onerosas quanto suas necessidades e na qual ninguém encontrava segurança nem na riqueza nem na pobreza, ele inventou facilmente razões especiosas para levá-los a seu objetivo. "Unamo-nos", disse a eles, "para proteger da opressão os fracos, conter os ambiciosos e garantir a cada um a posse do que lhe pertence. Instituamos regras de justiça e de paz às quais todos sejam obrigados a se conformar, sem excetuar ninguém, e que compensem de algum modo os caprichos da fortuna submetendo igualmente o poderoso e o fraco a deveres mútuos. Em suma, em vez de voltar nossas forças contra nós mesmos, reunamo-las num poder supremo que nos governe segundo leis sábias, que proteja e defenda todos os membros da associação, que afaste os inimigos comuns e que nos mantenha numa concórdia eterna."

Foi preciso muito menos do que o equivalente a esse discurso para empolgar homens grosseiros, fáceis de seduzir e, aliás, com muitas questões a resolver entre si para poderem dispensar árbitros, com muita avareza e ambição para poderem viver por muito tempo sem mestres. Todos correram ao encontro de seus grilhões acreditando assegurar sua liberdade, pois, embora tivessem suficiente razão para perceber as vantagens de um estabelecimento político, não tinham experiência suficiente para prever seus perigos; os mais capazes de pressentir os abusos eram precisamente os que contavam se aproveitar dessas vantagens, e os sábios mesmos viram que era preciso sacrificar uma parte de sua liberdade para a conservação da outra, como um ferido que corta um braço para salvar o resto do corpo.

Tal foi ou deve ter sido a origem da sociedade e das leis, que deram novos entraves ao fraco e novas forças ao rico[XVIII], destruíram irremediavelmente a liberdade natural, fixaram para sempre a lei da propriedade e da desigualdade, fizeram de uma habilidosa usurpação um direito irrevogável e, para o proveito de alguns ambiciosos, submeteram daí por diante todo o gênero humano ao trabalho, à servidão e à miséria. Percebe-se facilmente como o estabelecimento de uma única sociedade tornou indispensável o de todas as outras e como, para fazer frente a forças unidas, foi preciso também unir-se. As sociedades, multiplicando-se ou estendendo-se rapidamente, logo cobriram toda a superfície da terra, e não foi mais possível encontrar um único canto no universo onde se pudesse estar livre do jugo e a salvo da espada, geralmente malconduzida, que cada homem viu perpetuamente suspensa sobre sua cabeça. Tendo o direito civil se tornado assim a regra comum dos cidadãos, a lei da natureza só continuou existindo, entre as diversas sociedades, onde, sob o nome de direito das gentes, foi temperada por algumas convenções tácitas para tornar o convívio possível e suprir a comiseração natural, a qual, perdendo de sociedade a sociedade a força que tinha de homem a homem, não reside mais senão em algumas grandes almas cosmopolitas, que franqueiam as barreiras imaginárias que separam os povos e, a exemplo do ser soberano que as criou, abraçam todo o gênero humano em sua benevolência.

Os corpos políticos, que entre si permaneciam no estado de natureza, logo sentiram os inconvenientes que haviam forçado os indivíduos a sair dele, e tal estado tornou-se ainda mais funesto entre esses grandes corpos do que fora antes entre os indivíduos de que eram compostos. Daí surgiram as guerras nacionais, as batalhas, os crimes, as represálias que fazem estremecer a natureza e chocam a razão e todos os preconceitos horríveis que colocam entre as virtudes a honra de derramar sangue humano. As pessoas de bem aprenderam a incluir entre seus deveres o de matar os semelhantes; vimos, enfim, homens massacrando-se aos milhares sem saber por quê; vimos mais assassinatos num único dia de combate e mais horrores na tomada de uma única cidade do que os cometidos no estado de natureza durante séculos inteiros em toda a face da terra. Esses são os primeiros efeitos que se percebem da divisão do gênero humano em diferentes sociedades. Voltemos à sua instituição.

Sei que vários atribuíram outras origens às sociedades políticas, como as conquistas do mais poderoso ou a união dos fracos, e a escolha entre essas causas é indiferente ao que quero estabelecer. No entanto, a que acabo de expor parece-me a mais natural pelas seguintes razões: 1) no primeiro caso, não sendo o direito de conquista um direito, ele não pôde fundar nenhum outro, o conquistador e os povos conquistados permanecendo sempre entre si no estado de guerra, a menos que a nação, recolocada em plena liberdade, escolhesse voluntariamente seu vencedor como chefe. E, como as capitulações que foram feitas até então se basearam apenas na violência, sendo por isso mesmo nulas, não pode haver nessa hipótese nem verdadeira sociedade, nem corpo político, nem outra lei senão a do mais forte. 2) As palavras *forte* e *fraco* são equívocas no segundo caso; no intervalo que há entre o estabelecimento do direito de propriedade, ou do primeiro ocupante, e o dos governos políticos, o sentido desses termos é melhor expresso pelas palavras *pobre* e *rico*, porque antes das leis um homem não tinha, de fato, outro meio de sujeitar seus iguais a não ser tomando-lhes os bens ou concedendo-lhes alguma parte do seu. 3) Como os pobres não tinham nada a perder a não ser a liberdade, teria sido uma grande loucura privarem-se voluntariamente do único bem que lhes restava para nada ganhar em troca; ao contrário, como os ricos são, por assim dizer, sensíveis em todas as partes de seus bens, era muito mais fácil fazer-lhes mal, e por isso eles tinham mais precauções a tomar para se proteger; enfim, é razoável crer que uma coisa foi inventada por aqueles a quem ela é útil, e não por aqueles a quem causa dano.

O governo nascente não teve uma forma constante e regular. A falta de filosofia e de experiência só deixava perceber os inconvenientes presentes, e só se pensava em remediar os outros à medida que se apresentavam. Apesar dos trabalhos dos mais sábios legisladores, o Estado político continuou sendo imperfeito, porque era quase obra do acaso e porque, malcomeçado, o tempo, descobrindo seus defeitos e sugerindo remédios, nunca pôde corrigir os vícios da constituição. Faziam-se remendos a toda hora, quando era preciso começar por limpar o terreno e afastar os velhos materiais, como fez Licurgo em Esparta, para então construir um bom edifício. Inicialmente, a sociedade consistiu apenas em algumas convenções gerais que todos os indivíduos se comprometiam a observar, sendo a comunidade a fiadora em relação a cada um deles. Foi preciso que a experiência mostrasse o quanto tal constituição era frágil e o quanto era fácil aos infratores evitar a acusação ou o castigo por faltas das quais somente o público devia ser a testemunha e o juiz. Foi preciso que a lei fosse desrespeitada de inúmeras maneiras, que os inconvenientes e as desordens se multiplicassem continuamente, para que se pensasse finalmente em confiar a alguns indivíduos o encargo da autoridade pública, incumbindo a magistrados a tarefa de fazer observar as deliberações do povo: dizer que os chefes foram escolhidos antes que a confederação fosse criada e que os ministros das leis existiram antes das leis mesmas é uma suposição que não se pode levar a sério.

Tampouco seria razoável acreditar que os povos se lançaram desde o início, sem condições e sem contrapartida, nos braços de um senhor absoluto e que o primeiro meio de prover a segurança comum, imaginado por homens altivos e indômitos, foi precipitar-se na escravidão. De fato, por que se dariam superiores, senão para defendê-los contra a opressão e proteger seus bens, sua liberdade e sua vida, que são, por assim dizer, os elementos constitutivos de seu ser? Ora, como nas relações de homem a homem o pior que pode acontecer é um ficar à mercê do outro, não seria um contrassenso começar por despojar-se, nas mãos de um chefe, das únicas coisas para a conservação das quais eles tinham necessidade de seu auxílio? O que o chefe teria podido lhes conceder em troca da concessão de um tal direito? E, se ele tivesse ousado exigir isso sob pretexto de defendê-los, é certo que imediatamente teria recebido esta resposta do apologo: "Que mais nos fará o inimigo?".[19] Portanto, é incontestável – e é a máxima fundamental de todo direito político – que os povos se deram chefes para defender sua liberdade, e não para escravizá-los. *Se temos um príncipe*, dizia Plínio a Trajano, *é para que ele nos preserve de ter um senhor.*

19. Provável alusão a uma das fábulas de La Fontaine, "O velho e o burro". (N.T.)

Os políticos fazem sobre o amor à liberdade os mesmos sofismas que os filósofos fizeram sobre o estado de natureza; pelas coisas que veem, julgam coisas muito diferentes, que não viram, e atribuem aos homens uma tendência natural à servidão pela paciência com que aqueles que estão sob seus olhos suportam a sua, sem pensar que acontece com a liberdade o mesmo que com a inocência e a virtude, cujo valor só se sente quando as usufruímos e cujo gosto se perde tão logo as perdemos. "Conheço as delícias do teu país", dizia Brásidas[20] a um sátrapa que comparava a vida de Esparta à de Persépolis, "mas não podes conhecer os prazeres do meu".

Assim como um corcel indomável eriça a crina, bate com as patas no chão e debate-se impetuosamente à simples aproximação do freio, enquanto um cavalo domesticado aceita pacientemente o chicote e a espora, o homem bárbaro não curva a cabeça ao jugo que o homem civilizado carrega sem murmurar e prefere a mais tumultuada liberdade a uma sujeição tranquila. Portanto, não é pelo aviltamento dos povos escravizados que se devem julgar as disposições naturais do homem a favor ou contra a servidão, mas pelos prodígios que todos os povos livres fizeram para escapar da opressão. Sei que os primeiros não cessam de enaltecer a paz e o repouso que desfrutam em suas cadeias e que *miserrimam servitutem pacem appelant.*[21] No entanto, quando vejo os outros sacrificarem os prazeres, o repouso, a riqueza, o poder e a própria vida pela conservação desse único bem, tão desdenhado pelos que o perderam; quando vejo animais, nascidos livres e abominando o cativeiro, baterem a cabeça contra as grades de sua prisão; quando vejo multidões de selvagens inteiramente nus desprezarem as volúpias europeias e enfrentarem a fome, o fogo, o

20. General espartano do século V a.C. (N.T.)

21. "Chamam de paz a mais miserável das servidões" (Tácito, *Histórias*, IV, 17). (N.T.)

ferro e a morte para conservar apenas sua independência, sinto que não é a escravos que compete raciocinar sobre a liberdade.

Quanto à autoridade paterna, da qual vários fizeram derivar o governo absoluto e toda a sociedade, basta observar, sem recorrer às provas contrárias de Locke e de Sidney, que nada no mundo está mais distante do espírito feroz do despotismo do que a doçura dessa autoridade que considera mais a vantagem de quem obedece do que a utilidade de quem manda. Basta observar que o pai, pela lei da natureza, só é senhor do filho enquanto seu auxílio lhe é necessário; depois disso, eles se tornam iguais, e o filho, perfeitamente independente do pai, deve-lhe apenas respeito e não obediência, pois a gratidão é um dever que se deve manifestar, mas não um direito que se possa exigir. Em vez de dizer que a sociedade civil deriva do poder paterno, devia-se dizer, ao contrário, que é dela que esse poder retira sua principal força. Um indivíduo só é reconhecido como pai de vários quando estes permaneceram reunidos à sua volta. Os bens do pai, dos quais ele é verdadeiramente o senhor, são os laços que retêm os filhos sob sua dependência, e ele pode fazê-los participar de sua sucessão se tiverem merecido isso por uma contínua deferência a suas vontades. Ora, longe de terem algum favor semelhante a esperar do déspota, os súditos, que realmente lhe pertencem – tanto eles quanto o que possuem, pelo menos é o que ele pretende –, são obrigados a receber como um benefício o que esse lhes deixa de seus próprios bens; o déspota faz justiça quando os despoja, faz um favor quando os deixa viver.

Continuando a examinar assim os fatos segundo o direito, não se encontraria mais solidez do que verdade no estabelecimento voluntário da tirania e seria difícil mostrar a validade de um contrato que obrigasse apenas uma das partes, no qual se pusesse tudo de um lado e nada do outro, e que só resultasse em prejuízo para quem se compromete.

Esse sistema odioso está muito longe de ser, mesmo hoje, o dos sábios e bons monarcas, principalmente os reis da França, como se pode ver em diversos de seus éditos e, em particular, na seguinte passagem de um escrito célebre, publicado em 1667, em nome e por ordem de Luís XIV: "Não se diga, portanto, que o soberano não está sujeito às leis do Estado, pois a proposição contrária é uma verdade do direito das gentes que a adulação às vezes atacou, mas que os bons príncipes sempre defenderam como uma divindade tutelar de seus Estados. Muito mais legítimo é dizer, com o sábio Platão, que a perfeita felicidade de um reino é que o príncipe seja obedecido pelos súditos, que o príncipe obedeça à Lei e que a Lei seja correta e sempre voltada ao bem público". Sendo a liberdade a mais nobre das faculdades do homem, não me deterei em examinar se não é degradar nossa natureza, se não é colocar-se ao nível dos animais escravos do instinto e ofender o Autor de nossa existência renunciar sem reserva ao mais precioso de todos os seus dons, aceitar cometer todos os crimes que Ele nos proíbe para agradar a um senhor feroz ou insensato, e se esse operário sublime deve ficar mais irritado em ver destruir ou em ver desonrar seu mais belo trabalho.*

Perguntarei apenas com que direito os que não temeram se aviltar até esse ponto puderam submeter sua posteridade à mesma ignomínia, renunciando em seu nome a bens que não se devem a uma liberalidade e sem os quais a vida é onerosa a todos os que são dignos dela.

Pufendorff[22] diz que, assim como se transfere um bem a outrem por convenções e contratos, pode-se também abrir mão da liberdade em favor de alguém. Esse parece-me ser

---

* Negligenciarei, se quiserem, a autoridade de Barbeyrac, que se baseia em Locke para dizer que ninguém pode vender sua liberdade até que se submeta a um poder arbitrário que o trate a seu capricho. *Pois*, ele acrescenta, *seria vender a própria vida, da qual não é o dono.* (Ed. 1782)

22. Samuel Pufendorff (1632-1694), jurista alemão, autor do *Direito da natureza e das gentes.* (N.T.)

um raciocínio bastante mau, pois, em primeiro lugar, o bem que alieno torna-se uma coisa inteiramente estranha, cujo abuso me é indiferente, mas para mim importa que não abusem de minha liberdade, e não posso, sem ter culpa do mal que me forçarão a fazer, expor-me a ser o instrumento do crime. Em segundo lugar, sendo o direito de propriedade apenas de convenção e instituição humana, todo homem pode dispor à vontade do que possui, porém o mesmo não acontece com os dons essenciais da natureza, como a vida e a liberdade, de que cada um pode usufruir e dos quais no mínimo é duvidoso que se tenha o direito de abrir mão. Aquele, ao ser retirado, degrada o indivíduo, mas estes, retirados, aniquilam o que ele é em si; e, como nenhum bem temporal pode compensar a vida e a liberdade, renunciar a elas, não importa a que preço for, seria ofender ao mesmo tempo a natureza e a razão. Contudo, ainda que se pudesse alienar a liberdade assim como os bens, haveria uma grande diferença para os filhos, que só gozam dos bens do pai por transmissão de seu direito, enquanto a liberdade é um dom que eles devem à natureza por sua qualidade de homens, não tendo os pais direito algum de despojá-los dela. De modo que foi preciso, para estabelecer a escravidão, violentar a natureza, foi preciso modificá-la para perpetuar esse direito. E os jurisconsultos que pronunciaram gravemente que o filho de um escravo nasceria escravo decidiram, em outros termos, que um homem não nasceria homem.

Parece-me certo, portanto, que não só os governos não começaram pelo poder arbitrário, que é sua corrupção e seu termo extremo, que acaba por reconduzi-los à lei do mais forte da qual foram inicialmente o remédio, mas também que, mesmo se tivessem começado assim, esse poder, sendo ilegítimo por natureza, não pôde servir de fundamento aos direitos da sociedade nem, consequentemente, à desigualdade de instituição.

Sem entrar por ora nas pesquisas que ainda estão por ser feitas sobre a natureza do pacto fundamental de todo governo, limito-me, seguindo a opinião comum, a considerar aqui o estabelecimento do corpo político como um verdadeiro contrato entre o povo e os chefes que ele escolhe, contrato pelo qual as duas partes se obrigam à observância das leis nele estipuladas e que formam os laços de sua união. Tendo o povo, a respeito das relações sociais, reunido todas as suas vontades numa só, os artigos nos quais essa vontade se expõe tornam-se outras tantas leis fundamentais que obrigam todos os membros do Estado sem exceção, uma delas regulando a escolha e o poder dos magistrados encarregados de zelar pela execução das outras. Esse poder estende-se a tudo o que pode manter a constituição, sem chegar a mudá-la. Juntam-se a ele honrarias que tornem respeitáveis as leis e seus ministros, e para estes, pessoalmente, prerrogativas que os compensem dos penosos trabalhos que uma boa administração requer. O magistrado, por sua vez, obriga-se a só usar o poder que lhe é confiado segundo a intenção dos constituintes, a manter cada um no gozo tranquilo do que lhe pertence e a colocar sempre a utilidade pública acima do seu próprio interesse.

Antes que a experiência ou que o conhecimento do coração humano fizesse prever os abusos inevitáveis de tal constituição, ela certamente pareceu ser a melhor, porque aqueles encarregados de zelar por sua conservação eram também os mais interessados nisso. Estando a magistratura e seus direitos estabelecidos apenas sobre as leis fundamentais, tão logo estas fossem destruídas, os magistrados deixariam de ser legítimos, o povo não seria mais obrigado a obedecer-lhes e, como não era o magistrado mas sim a lei que constituía a essência do Estado, cada um retornaria de direito à sua liberdade natural.

Por menos que se reflita atentamente, isso se confirmaria por novas razões e se veria, pela natureza do contrato, que ele não poderia ser irrevogável, uma vez que, se não houvesse um poder superior a garantir a fidelidade dos contratantes e a forçá-los a cumprir seus compromissos recíprocos, as partes seriam apenas juízes em causa própria e cada uma delas teria sempre o direito de renunciar ao contrato, tão logo achasse que a outra infringe suas condições ou que estas cessam de lhe convir. É sobre esse princípio, parece, que o direito de abdicar pode ser fundamentado. Ora, considerando apenas, como fazemos, a instituição humana, se o magistrado, que tem todo o poder na mão e que se apropria de todas as vantagens do contrato, tivesse o direito de renunciar à autoridade, com muito mais razão o povo, que paga por todos os erros dos chefes, deveria ter o direito de renunciar à dependência. Mas as dissensões terríveis e as desordens infinitas que esse perigoso poder necessariamente acarretaria mostram, mais do que qualquer outra coisa, o quanto os governos humanos tinham necessidade de uma base mais sólida do que a simples razão e o quanto era necessário ao repouso público que a vontade divina interviesse para dar à autoridade soberana um caráter sagrado e inviolável, que retirasse dos súditos o funesto direito de dispor dela. Ainda que a religião só tivesse feito esse bem aos homens, seria o bastante para que todos devessem amá-la e adotá-la, mesmo com seus abusos, pois ela poupa o sangue que o fanatismo faz correr. Mas sigamos o fio de nossa hipótese.

As diversas formas dos governos têm sua origem nas diferenças, maiores ou menores, verificadas entre os indivíduos no momento da instituição. Um homem era eminente em poder, em virtude, em riquezas ou em crédito? Ele foi eleito magistrado único e o Estado tornou-se monárquico. Se vários homens, mais ou menos iguais entre si, prevaleciam sobre todos os outros, eles foram eleitos conjuntamente e houve uma aristocracia. Aqueles cuja fortuna ou cujos talentos eram mais equilibrados e encontravam-se menos distantes do estado de natureza assumiram em comum a administração suprema e formaram uma democracia. O tempo mostrou qual dessas formas era a mais vantajosa aos homens. Uns permaneceram submetidos unicamente às leis; outros logo se submeteram a senhores. Os cidadãos quiseram conservar sua liberdade; os súditos pensaram apenas em tirá-la dos vizinhos, não podendo aceitar que outros gozassem de um bem do qual eles mesmos não gozavam mais. Em suma, de um lado ficaram as riquezas e as conquistas; de outro, a felicidade e a virtude.

Nesses diversos governos, todas as magistraturas foram inicialmente eletivas; e, quando a riqueza não prevalecia, a preferência era dada ao mérito que possui uma ascendência natural e à idade que conta com a experiência nos assuntos públicos e a calma nas deliberações. Os anciãos dos hebreus, os gerontes de Esparta, o senado de Roma e a etimologia mesma da palavra *Senhor*[23] mostram o quanto a velhice era outrora respeitada. Quanto mais as eleições recaíam sobre homens idosos, mais frequentes elas se tornavam e mais se faziam sentir suas dificuldades. Manobras se introduziram, facções se formaram, os partidos passaram a se hostilizar e surgiram guerras civis; o sangue dos cidadãos acabou sendo sacrificado pela suposta felicidade do Estado, e houve o risco de recair na anarquia dos tempos anteriores. A ambição dos líderes se aproveitou dessas circunstâncias para perpetuar seus cargos em suas famílias. O povo, já acostumado à dependência, ao repouso e às comodidades da vida, e já incapaz de romper suas cadeias, consentiu em deixar aumentar sua servidão para assegurar sua tranquilidade. E foi assim que os chefes, tornando-se hereditários, acostumaram-se a ver sua magistratura como um bem de família, a verem-se eles mesmos como proprietários do Estado, do qual eram inicialmente apenas funcionários, a

23. Do latim *senior*, mais idoso, velho. (N.T.)

chamar seus concidadãos de escravos e a contá-los como gado entre as coisas que lhes pertenciam e a chamarem-se eles mesmos iguais aos deuses e reis dos reis.

Se seguirmos o progresso da desigualdade nessas diferentes revoluções, veremos que o estabelecimento da lei e do direito foi seu primeiro termo; que a instituição da magistratura, o segundo; que o terceiro e o último foi a mudança do poder legítimo em poder arbitrário. De modo que a condição de rico e de pobre foi autorizada pela primeira época, a de poderoso e de fraco pela segunda, e pela terceira a de senhor e de escravo, que é o último grau da desigualdade e o termo a que chegam finalmente todas as outras, até que novas revoluções dissolvam completamente o governo ou o reaproximem da instituição legítima.

Para compreender a necessidade desse progresso, convém considerar menos os motivos do estabelecimento do corpo político do que a forma que ele adquire em sua execução e os inconvenientes que traz consigo. Os vícios que tornam necessárias as instituições sociais são os mesmos que tornam inevitável o abuso delas; e como as leis, geralmente menos fortes do que as paixões, contêm os homens sem modificá-los – com a única exceção de Esparta, onde a lei cuidava principalmente da educação das crianças e onde Licurgo estabeleceu costumes que quase o dispensavam de acrescentar leis –, seria fácil provar que um governo que seguisse sempre exatamente o fim de sua instituição, sem se corromper nem se alterar, teria sido instituído sem necessidade e que um país onde ninguém desrespeitasse as leis nem abusasse da magistratura não teria necessidade nem de magistrados nem de leis.

As distinções políticas levam necessariamente às distinções civis. A desigualdade crescente entre o povo e seus chefes logo se faz sentir entre os indivíduos e neles se modifica de inúmeras maneiras segundo as paixões, os talentos e as ocasiões. O magistrado não saberia usurpar um poder ilegítimo sem formar criaturas às quais é forçado a ceder uma parte desse poder. Aliás, os cidadãos só se deixam oprimir quando arrastados por uma cega ambição e, olhando mais abaixo do que acima deles, prezam mais a dominação do que a independência, consentindo em carregar grilhões para poderem aplicá-los a outros. É muito difícil reduzir à obediência aquele que não busca mandar, e o político mais hábil não conseguiria sujeitar homens que quisessem apenas ser livres. Mas a desigualdade estende-se facilmente entre almas ambiciosas e covardes, sempre prontas a correr os riscos da fortuna e a dominar ou servir quase indiferentemente, conforme ela lhes seja favorável ou contrária. É assim que deve ter chegado um tempo em que os olhos do povo foram fascinados a tal ponto que bastava aos condutores dizer ao menor dos homens: "Sê grande, tu e toda a tua raça", para que imediatamente este parecesse grande a todo o mundo assim como a seus próprios olhos e para que seus descendentes se elevassem ainda mais à medida que se afastavam dele. Quanto mais remota e incerta era a causa, maior era o efeito; quanto mais se podia contar com ociosos numa família, mais ela se tornava ilustre.

Se fosse aqui o lugar de entrar em detalhes, eu explicaria facilmente como* a desigualdade de crédito e de autoridade é inevitável entre os indivíduos[XIX], tão logo estes, reunidos numa mesma sociedade, são forçados a se comparar entre si e a levar em conta diferenças, que precisam fazer, no uso contínuo uns dos outros. Essas diferenças são de várias espécies; porém, como as distinções principais pelas quais as pessoas se avaliam na sociedade são geralmente a riqueza, a nobreza ou a hierarquia, o poder e o mérito pessoal, eu provaria que a concordância ou o conflito dessas forças diversas é a indicação mais segura de um Estado bem ou malconstituído. Mostraria que, entre essas

* Mesmo sem a intervenção do governo. (Ed. 1782)

quatro espécies de desigualdade, e estando as qualidades pessoais na origem de todas as outras, é à riqueza que elas se reduzem no final, porque, sendo a mais imediatamente útil ao bem-estar e a mais fácil de se comunicar, ela é usada facilmente para adquirir todo o resto. Essa observação permite medir com bastante exatidão o quanto cada povo já se afastou de sua instituição primitiva e o caminho que percorreu rumo ao extremo da corrupção. Eu assinalaria o quanto esse desejo universal de reputação, honrarias e preferências, que nos devora a todos, exercita e confronta os talentos e as forças, o quanto provoca e multiplica as paixões, tornando os homens concorrentes, rivais, inimigos, produzindo diariamente revezes, sucessos e catástrofes de todo tipo ao envolver no mesmo combate tantos pretendentes. Eu mostraria que é a essa vontade de fazer falar de si, a essa fúria de distinguir-se que nos mantém quase sempre fora de nós mesmos, que devemos o que há de melhor e de pior entre os homens, nossas virtudes e nossos vícios, nossas ciências e nossos erros, nossos conquistadores e nossos filósofos, isto é, uma grande quantidade de coisas ruins em troca de um pequeno número de coisas boas. Eu provaria enfim que, se vemos um punhado de poderosos e ricos no topo das grandezas e da fortuna, enquanto a multidão rasteja na obscuridade e na miséria, é porque os primeiros só valorizam as coisas de que usufruem à medida que os outros são privados delas e porque, sem mudar de situação, deixariam de ser felizes se o povo não fosse mais miserável.

Mas esses detalhes constituem por si sós o assunto de um livro considerável no qual se pesariam as vantagens e os inconvenientes de todo governo, relativamente aos direitos do estado de natureza, e no qual se revelariam as diferentes faces sob as quais a desigualdade se mostrou até o dia de hoje e poderá se mostrar nos séculos futuros, conforme a natureza desses governos e as revoluções que o tempo necessariamente trará. Veríamos a multidão oprimida, dentro do país, em consequência das precauções mesmas que tomou contra o que a ameaçava de fora. Veríamos a opressão aumentar continuamente sem que os oprimidos jamais pudessem saber até onde pode chegar, nem que meios legítimos lhes restariam para detê-la. Veríamos os direitos dos cidadãos e as liberdades nacionais se extinguirem aos poucos, assim como as reclamações dos fracos serem tratadas como projetos sediciosos. Veríamos a política restringir a uma porção mercenária do povo a honra de defender a causa comum. Veríamos surgir a necessidade dos impostos, o lavrador desestimulado abandonar seu campo mesmo em tempos de paz, trocando a charrua pela espada. Veríamos nascerem as regras funestas e bizarras do ponto de honra. Veríamos, mais cedo ou mais tarde, os defensores da pátria transformados em seus inimigos, sempre com o punhal erguido contra os concidadãos, e chegaria um tempo em que os ouviríamos dizer ao opressor de seu país:

Pectore si fratris gladium juguloque parentis
Condere me jubeas, gravidaeque in viscera partu
Conjugis, invita peragam tamen omnia dextra.[24]

Da extrema desigualdade das condições e das fortunas, da diversidade das paixões e dos talentos, das artes inúteis, das artes perniciosas, das ciências frívolas surgiriam inúmeros preconceitos, igualmente contrários à razão, à felicidade e à virtude; seria fomentado pelos chefes tudo o que pode enfraquecer homens reunidos, desunindo-os, tudo o que pode dar à sociedade um aspecto de concórdia aparente e nela semear um germe de divisão real, tudo o que pode inspirar às diferentes ordens uma desconfiança e um ódio

24. "Se me ordenares enterrar a espada no peito de meu irmão e na garganta de meu pai, ou no ventre de minha esposa grávida, farei tudo, mesmo a contragosto" (Lucano, *Farsália*, I, 376). (N.T.)

mútuo pela oposição de seus direitos e de seus interesses, reforçando, portanto, o poder que contém a todos.

É do seio dessa desordem e dessas revoluções que o despotismo, elevando aos poucos sua cabeça medonha e devorando o que avistasse de bom e de sadio em todas as partes do Estado, conseguiria finalmente calcar sob os pés as leis e o povo e se estabelecer sobre as ruínas da república. Os tempos que precederiam essa última mudança seriam tempos de distúrbios e calamidades; no final, tudo seria engolido pelo monstro e os povos não teriam mais chefes nem leis, mas apenas tiranos. A partir desse instante, também se deixaria de falar de costumes e de virtude, pois em toda parte onde reina o despotismo, *cui ex honesto nulla est spes*[25], não se aceita outro senhor; tão logo ele fala, não há nem probidade nem dever a consultar, e a mais cega obediência é a única virtude que resta aos escravos.

Eis aí o último termo da desigualdade e o ponto extremo que fecha o círculo e retorna ao ponto do qual partimos. É aqui que todos os indivíduos voltam a ser iguais porque nada são; não tendo os súditos outra lei senão a vontade do senhor, e o senhor nenhuma outra regra senão suas paixões, as noções do bem e os princípios da justiça desaparecem mais uma vez. É aqui que tudo se reduz à simples lei do mais forte e, portanto, a um novo estado de natureza diferente daquele pelo qual começamos, diferente porque um era o estado de natureza em sua pureza, enquanto este último é o fruto de um excesso de corrupção. Aliás, há tão pouca diferença entre esses dois estados e o contrato de governo é de tal maneira dissolvido pelo despotismo, que o déspota só é senhor enquanto é o mais forte; quando se puder expulsá-lo, ele não terá como reclamar contra a violência. A revolta que acaba por matar ou destronar um sultão é um ato tão

---

25. "Para o qual não há esperança alguma com o homem honesto". Referência provável a Tácito (*Histórias*, I, 21). (N.T.)

jurídico quanto aqueles pelos quais, na véspera, ele dispunha sobre a vida e os bens dos súditos. Somente a força o mantinha, somente a força o derruba. Assim, todas as coisas se passam segundo a ordem natural e, qualquer que seja o resultado dessas curtas e frequentes revoluções, ninguém pode se queixar da injustiça de outrem, mas somente de sua própria imprudência ou de seu infortúnio.

Descobrindo e seguindo assim os caminhos esquecidos e perdidos que haveriam de levar o homem do estado natural ao estado civil, restabelecendo, com as posições intermediárias que acabo de assinalar, as que o tempo premente me fez suprimir, ou que a imaginação não pôde me sugerir, todo leitor atento há de ficar impressionado com o espaço imenso que separa esses dois estados. É nessa lenta sucessão das coisas que ele verá a solução de uma infinidade de problemas de moral e de política que os filósofos não conseguem resolver. E perceberá a razão pela qual, não sendo o gênero humano de uma época o gênero humano de outra época, Diógenes não encontrava homem algum: é que ele buscava entre seus contemporâneos o homem de um tempo que não existia mais. Catão, dirá esse leitor, pereceu com Roma e a liberdade, razão pela qual viveu deslocado em seu século, e o maior dos homens não fez senão surpreender o mundo que ele teria governado quinhentos anos antes. Em suma, ele compreenderá por que a alma e as paixões humanas, alterando-se imperceptivelmente, mudam, por assim dizer, de natureza; por que nossas necessidades e nossos prazeres mudam de objeto com o passar do tempo; por que, com o desaparecimento gradativo do homem original, a sociedade oferece aos olhos do sábio apenas uma reunião de homens e paixões artificiais que são o resultado de todas essas novas relações e não têm nenhum fundamento verdadeiro na natureza. O que a reflexão nos ensina sobre esse ponto, a observação o confirma perfeitamente. O homem selvagem e o homem civilizado diferem de tal modo pelo fundo do coração e das inclinações, que o que faz a felicidade suprema de um reduziria o outro ao desespero. O primeiro aspira somente ao repouso e à liberdade, só quer viver e permanecer desocupado, e a própria ataraxia do estoico não se aproxima de sua profunda indiferença por qualquer outro objeto. Ao contrário, o cidadão sempre ativo agita-se e atormenta-se sem parar, buscando ocupações ainda mais laboriosas: trabalha até a morte, corre mesmo em direção a ela para ter condições de viver, ou renuncia à vida para adquirir a imortalidade. Corteja os poderosos que odeia e os ricos que despreza, nada poupa para obter a honra de servi-los; orgulha-se de sua baixeza e da proteção deles e, envaidecido dessa escravidão, fala com desdém dos que não têm a honra de partilhá-la. Que espetáculo não seria para um caraíba os trabalhos penosos e invejados de um ministro europeu! Quantas mortes cruéis não preferiria esse indolente selvagem ao horror de semelhante vida, muitas vezes nem sequer suavizada pelo prazer de agir bem! No entanto, para compreender o motivo de tantas preocupações, bastaria que ele visse um sentido nas palavras *poder* e *reputação*, que descobrisse que há homens que valorizam os olhares do resto do universo, que sabem ficar felizes e contentes consigo mesmos mais pelo testemunho de outrem do que pelo seu próprio. Tal é, de fato, a verdadeira causa de todas essas diferenças: o selvagem vive nele mesmo, enquanto o homem sociável, sempre fora de si, só sabe viver na opinião dos outros, e é somente do julgamento deles, por assim dizer, que obtém o sentimento de sua própria existência. Não faz parte do meu tema mostrar de que maneira nasce, de uma tal disposição, tanta indiferença em relação ao bem e ao mal, com tão belos discursos de moral; de que maneira, reduzindo-se tudo às aparências, tudo se torna artificial e fingido – honra, amizade, virtude e até mesmo os vícios, nos quais se descobre enfim o segredo de se glorificar; de que maneira, em suma, perguntando sempre aos outros o que somos e nunca ousando nos interrogar sobre isso, em meio a tanta filosofia, humanidade, polidez e máximas sublimes, não temos senão um exterior enganador e frívolo, honra sem virtude, razão sem sabedoria, prazer sem felicidade. Basta-me ter provado que não é esse o estado original do homem e que é somente o espírito da sociedade e da desigualdade que ela engendra, que modificam e alteram assim todas as nossas inclinações naturais.

Procurei expor a origem e o progresso da desigualdade, o estabelecimento e o abuso das sociedades políticas, na medida em que essas coisas podem ser deduzidas da natureza do homem à luz da simples razão, independentemente dos dogmas sagrados que dão à autoridade soberana a sanção do direito divino. Conclui-se dessa exposição que a desigualdade, sendo quase nula no estado de natureza, obtém sua força e cresce com o desenvolvimento de nossas faculdades e os progressos do espírito humano, tornando-se finalmente estável e legítima pelo estabelecimento da propriedade e das leis. Conclui-se também que a desigualdade moral, autorizada apenas pelo direito positivo, é contrária ao direito natural sempre que não coincide, na mesma proporção, com a desigualdade física; distinção que determina suficientemente o que se deve pensar, a esse respeito, sobre a espécie de desigualdade que reina entre todos os povos civilizados, pois é manifestamente contra a lei da natureza, não importa como a definamos, que uma criança comande um velho, que um imbecil conduza um homem sábio e que um punhado de gente tenha coisas supérfluas em abundância enquanto a multidão faminta carece do necessário.

NOTAS

Nota I (página 22)

Heródoto conta que, após o assassinato do falso Smerdis, os sete libertadores da Pérsia reuniram-se para deliberar sobre a forma de governo que dariam ao Estado, e Otanes declarou-se firmemente a favor da república. A opinião era extraordinária na boca de um sátrapa, pois, além da pretensão que podem ter ao império, os poderosos temem mais do que a morte uma espécie de governo que os force a respeitar os homens. Otanes, como se pode imaginar, não foi escutado e, vendo que procederiam à eleição de um monarca, e não querendo nem obedecer nem mandar, cedeu voluntariamente aos outros concorrentes seu direito à coroa, pedindo, como única compensação, que ele e sua posteridade fossem livres e independentes, o que lhe foi concedido. Mesmo se Heródoto não nos falasse da restrição imposta a esse privilégio, seríamos obrigados a supô-la; caso contrário, não reconhecendo nenhuma espécie de lei e não tendo contas a prestar a ninguém, Otanes teria sido todo-poderoso no Estado e mais poderoso que o próprio rei. Mas era muito pouco provável que um homem capaz de contentar-se, em semelhante caso, com tal privilégio fosse capaz de abusar dele. De fato, não se sabe que esse direito tenha causado a menor perturbação no reino, nem pelo sábio Otanes, nem por algum de seus descendentes.

Nota II (página 33)

Desde o meu primeiro passo, apoio-me com confiança numa dessas autoridades respeitáveis para os filósofos, por virem de uma razão sólida e sublime que só eles sabem encontrar e sentir.

"Por mais interesse que tenhamos em conhecer a nós mesmos, não sei se não conhecemos melhor tudo aquilo que não somos nós. Providos pela natureza de órgãos destinados à nossa conservação, só os empregamos para receber as impressões estranhas, só buscamos nos voltar para fora e existir fora de nós; muito ocupados em multiplicar as funções de nossos sentidos e em aumentar a extensão exterior de nosso ser, raramente fazemos uso daquele sentido interior que nos reduz a nossas verdadeiras dimensões e nos separa de tudo o que não nos pertence. No entanto, é esse sentido que devemos utilizar se quisermos nos conhecer, é o único pelo qual podemos nos julgar. Mas como dar a esse sentido sua atividade e toda a sua extensão? Como separar nossa alma, na qual ele reside, de todas as ilusões do nosso espírito? Perdemos o hábito de empregá-la, ela ficou sem exercício no meio do tumulto de nossas sensações corporais, ficou ressequida ao fogo de nossas paixões; o coração, o espírito, os sentidos, tudo trabalhou contra ela." (Buffon, *Hist. Nat.*, t. 4, p. 151, Da natureza do homem.)

Nota III (página 47)

As mudanças que um longo hábito de andar sobre dois pés pôde produzir na conformação do homem, as relações que se observam ainda entre seus braços e as pernas anteriores dos quadrúpedes e a indução feita sobre sua maneira de andar fizeram surgir dúvidas sobre qual devia ser nosso andar mais natural. Todas as crianças começam por andar de quatro e têm necessidade de nosso exemplo e de nossas lições para aprenderem a ficar de pé. Há mesmo nações selvagens, como os hotentotes, que, negligenciando as crianças, deixam que elas andem tanto tempo sobre as mãos que, a seguir, têm dificuldade de corrigi-las; o mesmo acontece com as crianças dos caraíbas das Antilhas. Há diversos exemplos de homens quadrúpedes, e eu poderia citar, entre outros, o da criança que foi encontrada em 1344 perto de Hesse, onde fora alimentada por lobos, e que depois disse, na corte do príncipe Henrique, que teria preferido, se dependesse só dela, voltar a viver com eles a viver entre os homens. Essa criança se habituara de tal modo a andar como esses animais que foi preciso atar-lhe peças de madeira para forçá-la a ficar de pé e em equilíbrio. O mesmo sucedeu a uma criança encontrada em 1694 nas florestas da Lituânia e que vivia entre os ursos. Ela não apresentava, diz o sr. de Condillac, nenhum sinal de razão, andava apoiada sobre os pés e as mãos, não tinha linguagem e emitia sons que em nada se assemelhavam aos de um homem. O pequeno selvagem de Hanôver, levado há alguns anos à corte da Inglaterra, tinha a maior dificuldade de submeter-se a andar sobre dois pés, e em 1719 foram encontrados dois outros selvagens, nos Pirineus, que percorriam as montanhas à maneira dos quadrúpedes. Quanto à objeção de que isso nos privaria do uso das mãos, de que tiramos tantas vantagens, além de o exemplo dos macacos mostrar que é perfeitamente possível empregar a mão de duas maneiras, isso provaria apenas que o homem pode dar a seus membros uma destinação mais cômoda do que a da natureza, e não que a natureza destinou o homem a andar de um modo diferente do que lhe ensina.

Mas penso que há razões muito melhores para afirmar que o homem é um bípede. Em primeiro lugar, mesmo se mostrássemos que ele pôde inicialmente ter uma conformação diferente da que conhecemos para enfim tornar-se o que é, não seria o bastante para concluir que aconteceu assim; depois de ter mostrado a possibilidade dessas mudanças, seria preciso também, antes de admiti-las, mostrar pelo menos sua verossimilhança. Além disso, se os braços do homem podem lhe ter servido eventualmente de pernas, essa observação é a única favorável nesse sistema, pois há muitas outras que lhe são contrárias. As principais são: o modo como a cabeça do homem está ligada ao corpo, em vez de dirigir sua visão horizontalmente como acontece com os outros animais, e como ele próprio vê ao andar de pé, o obrigaria, andando sobre quatro pés, a fixar os olhos diretamente no chão, situação pouco favorável à conservação do indivíduo; a cauda que lhe falta, e que ele não precisa ao andar sobre dois pés, é útil aos quadrúpedes, nenhum dos quais está privado dela; o seio da mulher, muito bem situado para um bípede que segura uma criança nos braços, não o é para um quadrúpede, que nunca o tem colocado dessa maneira; a altura excessiva da parte traseira em relação às pernas dianteiras faz com que, ao andarmos de quatro, nos arrastemos sobre os joelhos, o que resultaria num animal mal proporcionado e que anda pouco comodamente; se o homem espalmasse o pé do mesmo modo que a mão, ele teria na perna posterior uma articulação a menos do que os outros animais, a saber, a que une a fíbula à tíbia. Além disso, apoiando apenas a ponta do pé, como certamente seria obrigado a fazer, o tarso, sem falar dos vários ossos que o compõem, seria grande demais para funcionar como fíbula, e suas articulações com o metatarso e a tíbia estariam próximas demais para dar à perna humana a mesma flexibilidade que a dos quadrúpedes. O exemplo das crianças, numa idade em que as forças naturais ainda não estão desenvolvidas nem os membros fortalecidos, não conclui absolutamente nada, e equivaleria a dizer que os cães não estão destinados a andar porque nas primeiras semanas após o nascimento apenas rastejam. Os fatos particulares pouco pesam contra a prática universal de todos os homens, mesmo em nações que, não tendo nenhuma comunicação com as outras, nada puderam imitar delas. Uma criança abandonada numa floresta antes de poder andar, e alimentada por algum animal, seguirá o exemplo de sua ama, passando a andar como ela; o hábito lhe dará facilidades que não possuía por natureza; e assim como os manetas que, à força de exercício, conseguem fazer com os pés tudo o que fazemos com as mãos, ela conseguirá finalmente empregar as mãos como se fossem pés.

Nota IV (página 48)

Se houver entre meus leitores algum mau físico para me criar dificuldades sobre a suposição dessa fertilidade natural da terra, eu lhe responderia com a seguinte passagem:

"Como os vegetais obtêm seu alimento muito mais da substância do ar e da água do que da terra, sucede que, ao apodrecerem, eles devolvem à terra mais do que tiraram dela. Aliás, uma floresta, ao reter seus vapores, determina as águas da chuva. Assim, num bosque conservado por muito tempo sem ser tocado, a camada de terra que serve à vegetação aumentaria consideravelmente; porém, como os animais devolvem à terra menos do que obtêm dela, e como os homens fazem consumos enormes de madeira e plantas para o fogo e outras finalidades, resulta que a camada de terra vegetal de um país habitado deve sempre diminuir e tornar-se finalmente como a Arábia pétrea, ou como a terra de tantas outras províncias do Oriente, que é a região habitada há mais tempo e na qual há somente sal e areias. Pois o sal fixo das plantas e dos animais permanece, enquanto todas as outras partes se volatilizam." (Buffon, *Hist. Nat.*)

Pode-se acrescentar a isso a prova da quantidade de árvores e de plantas as mais variadas de que eram repletas quase todas as ilhas desertas que foram descobertas nos últimos séculos, e a história nos informa que foi preciso derrubar florestas imensas por toda a terra à medida que ela se povoou ou civilizou. Ao que eu faria ainda as três observações seguintes: uma é que, se há uma espécie de vegetais capazes de compensar a perda de matéria vegetal causada pelos animais, segundo o raciocínio do sr. Buffon, são principalmente os bosques, cujas copas e folhas retêm mais águas e vapores do que as outras plantas. A segunda é que destruição do solo, isto é, a perda da substância própria à vegetação, deve acelerar-se à medida que a terra é mais cultivada e que os habitantes mais industriosos consomem em maior abundância seus produtos. Minha terceira e mais importante observação é que os frutos das árvores fornecem ao animal um alimento mais abundante do que podem fornecer os outros vegetais, experiência que eu mesmo fiz ao comparar os produtos de dois terrenos iguais em tamanho e em qualidade, um coberto de castanheiros, o outro semeado de trigo.

Nota V (página 48)

Entre os quadrúpedes, as duas distinções mais universais das espécies baseiam-se na figura dos dentes e na conformação dos intestinos. Os animais que se alimentam apenas de vegetais têm os dentes achatados, como o cavalo, o boi, o carneiro e a lebre, ao passo que os vorazes os têm pontiagudos, como o gato, o cão, o lobo e a raposa. Quanto aos intestinos, nos frugívoros há certas partes, como o cólon, que não se encontram nos animais vorazes. Assim, parece que o homem, tendo os dentes e os intestinos como os dos animais frugívoros, deveria naturalmente ser incluído nessa classe, e não apenas as observações anatômicas confirmam essa opinião: os monumentos da antiguidade também são muito favoráveis a ela. "Dicearco", diz são

Jerônimo, "relata em seus livros da antiguidade grega que, sob o reinado de Saturno, quando a terra era ainda fértil por si mesma, nenhum homem comia carne, mas todos viviam dos frutos e dos legumes que cresciam naturalmente" (Liv. II, *Adv. Jovinian*).* Pode-se ver por aí que negligencio muitas vantagens que poderia mencionar. Sendo a presa quase o único motivo de combate entre os animais carnívoros, e vivendo os frugívoros numa paz contínua entre si, se a espécie humana fosse desse último gênero, é claro que ela teria tido muito mais facilidade de subsistir no estado de natureza, bem como muito menos necessidade e ocasiões de sair dele.

Nota VI (página 49)

Todos os conhecimentos que exigem reflexão, todos aqueles que só se adquirem pelo encadeamento das ideias e só se aperfeiçoam sucessivamente, parecem totalmente fora do alcance do homem selvagem, por falta de comunicação com seus semelhantes, isto é, por falta do instrumento que serve a essa comunicação e daquilo que a torna necessária. Seu saber e sua indústria limitam-se a saltar, correr, lutar, lançar uma pedra, escalar uma árvore. Todavia, se ele conhece apenas essas coisas, em compensação as conhece muito melhor que nós, que delas não temos a mesma necessidade que ele; e, como elas dependem unicamente do exercício do corpo e não são suscetíveis de nenhuma comunicação, de nenhum progresso de um indivíduo a outro, o primeiro homem pôde ser tão hábil nelas quanto seus últimos descendentes.

* Essa opinião pode também se apoiar nos relatos de vários viajantes modernos. François Corréal, entre outros, testemunha que a maioria dos habitantes das Lucaias que os espanhóis transportaram para as ilhas de Cuba, São Domingos e outras partes morreram por terem comido carne. (Ed. 1782)

Os relatos dos viajantes estão repletos de exemplos da força e do vigor dos homens nas nações bárbaras e selvagens, mas não enaltecem menos sua habilidade e sua ligeireza. Como bastam olhos para observar essas coisas, nada impede que acreditemos no que dizem a esse respeito testemunhas oculares. Recolho ao acaso alguns exemplos dos livros que tenho à mão.

"Os hotentotes", diz Kolben, "entendem melhor de pesca que os europeus do Cabo [da Boa Esperança, na África]. São igualmente hábeis com a rede, o anzol e o arpão, tanto nas enseadas como nos rios, e hábeis também em pegar peixes com a mão. São de uma destreza incomparável no nado. Sua maneira de nadar tem algo de surpreendente que lhes é inteiramente próprio. Nadam com o corpo na vertical e com as mãos estendidas fora d'água, de modo que parecem andar no chão. Quando o mar está agitado e as águas formam como que montanhas, eles dançam, por assim dizer, sobre o dorso das ondas, sobem e descem como um pedaço de cortiça."

"Os hotentotes", diz ainda o mesmo autor, "são de uma habilidade surpreendente na caça e correm com uma velocidade que ultrapassa a imaginação." Ele se surpreende com o fato de esses selvagens geralmente não fazerem um mau uso dessa agilidade, mas isso ocorre algumas vezes, como se pode julgar pelo exemplo que ele dá. "Ao desembarcar no Cabo, um marinheiro holandês encarregou um hotentote de acompanhá-lo à cidade com um rolo de tabaco de umas vinte libras [cerca de dez quilos]. Quando os dois estavam a alguma distância do grupo, o hotentote perguntou ao holandês se ele sabia correr. 'Correr?' disse o holandês. 'Claro que sim, muito bem.' 'Então vejamos', respondeu o africano. E, fugindo com o tabaco, desapareceu em seguida. O marinheiro, desconcertado com essa maravilhosa velocidade, nem pensou em persegui-lo e nunca mais voltou a ver seu tabaco nem seu carregador.

"Eles têm a vista e a mão tão certeiras que os europeus não conseguem imitá-los. A cem passos, atingirão com uma pedra uma marca do tamanho de uma moeda, e o mais surpreendente é que, em vez de fixarem os olhos no alvo, como fazemos, eles fazem movimentos e contorções contínuas. É como se a pedra fosse levada por uma mão invisível."

O padre du Tertre diz, a respeito dos selvagens das Antilhas, mais ou menos as mesmas coisas que acabamos de ler sobre os hotentotes do Cabo da Boa Esperança. Ele louva principalmente sua precisão em atingir com flechas aves em voo, assim como peixes na água que eles apanham a seguir, mergulhando. Os selvagens da América setentrional não são menos famosos por sua força e sua habilidade. E aqui está um exemplo para que se possa avaliar essas qualidades dos índios da América meridional.

No ano de 1746, um índio de Buenos Aires, condenado às galeras em Cádiz, propôs ao governador, em troca da liberdade, expor sua vida numa festa pública. Prometeu enfrentar sozinho o touro mais furioso, sem outra arma na mão a não ser uma corda; prometeu derrubá-lo, amarrá-lo com a corda na parte que lhe fosse indicada, pôr-lhe uma sela, um freio e montá-lo, e, assim montado, combater dois outros touros, dos mais furiosos, que fariam sair do touril; prometeu matá-los um após o outro, tão logo lhe ordenassem e sem ajuda de ninguém, o que lhe foi concedido. O índio cumpriu a palavra e foi bem-sucedido em tudo o que prometeu; sobre a maneira como agiu e sobre os detalhes do combate, pode-se consultar o primeiro tomo das *Observations sur l'histoire naturelle*, do sr. Gautier, do qual é extraído esse fato, página 262.

Nota VII (página 51)

"A duração da vida dos cavalos", diz o sr. de Buffon, "é, como em todas as outras espécies de animais, proporcional à duração do tempo de seu crescimento. O homem, que leva catorze anos para crescer, pode viver seis ou sete vezes esse tempo, isto é, noventa ou cem anos. O cavalo, cujo crescimento se faz em quatro anos, pode viver seis ou sete vezes mais, isto é, vinte e cinco ou trinta anos. Os exemplos contrários a essa regra são tão raros que não devemos sequer considerá-los como uma exceção da qual se possa tirar consequências; e os cavalos rústicos, que levam menos tempo crescendo do que os cavalos finos, também vivem menos tempo e estão velhos já aos quinze anos."

Nota VIII (página 51)

Julgo perceber entre os animais carnívoros e os frugívoros uma outra diferença ainda mais geral do que a que assinalei na Nota V, pois se estende também às aves. Essa diferença consiste no número de filhotes, que nunca excede dois a cada ninhada nas espécies que vivem apenas de vegetais e que geralmente vai além desse número para os animais vorazes. A esse respeito, é fácil conhecer a destinação da natureza pelo número de tetas, que são somente duas em cada fêmea da primeira espécie, como a égua, a vaca, a cabra, a corça, a ovelha, e sempre de seis a oito nas outras fêmeas, como a cadela, a gata, a loba, a tigresa etc. A galinha, a gansa e a pata, que são aves vorazes assim como a águia, o gavião e a coruja, também põem e chocam um grande número de ovos, o que nunca acontece com a pomba e a rola, nem com os pássaros, que comem apenas cereais, raramente pondo e chocando mais do que dois ovos por vez. A razão dessa diferença é que os animais que vivem somente de ervas e plantas, permanecendo quase o dia todo no pasto e forçados a empregar muito tempo para se alimentar, não poderiam aleitar vários filhotes, ao passo que os vorazes, fazendo sua refeição quase num instante, podem mais facilmente e com mais frequência retornar a seus filhotes e à caça, reparando assim o gasto de uma tão grande quantidade de leite. Acerca de tudo isso haveria muitas observações particulares e reflexões a fazer, mas aqui não é o lugar apropriado; basta-me ter mostrado, nessa parte, o sistema mais geral da natureza, sistema que fornece uma nova razão para tirar o homem da classe dos animais carnívoros e incluí-lo entre as espécies frugívoras.

Nota IX (página 56)

Um célebre autor[26], calculando os bens e os males da vida humana e comparando as duas somas, viu que a última ultrapassava em muito a outra e que, afinal de contas, a vida era para o homem uma dádiva bastante ruim. Não me surpreendo com sua conclusão: ele tirou todos os seus argumentos da constituição do homem civil. Se tivesse recuado até o homem natural, pode-se supor que teria encontrado resultados muito diferentes, teria percebido que o homem só tem os males que ele próprio se deu e que a natureza estaria justificada. Não foi sem esforço que conseguimos nos tornar tão infelizes. Quando consideramos, de um lado, os imensos trabalhos dos homens – tantas ciências aprofundadas, tantas artes inventadas, tantas forças empregadas, abismos transpostos, montanhas arrasadas, rochedos rompidos, rios tornados navegáveis, terras desbravadas, lagos criados, pântanos secados, construções enormes erguidas na terra, o mar coberto de navios e marinheiros – e quando,

26. Rousseau refere-se a Malpertius, autor do *Ensaio de filosofia moral*, cujo capítulo II intitula-se "Como na vida ordinária a soma dos males ultrapassa a dos bens". (N.T.)

de outro lado, buscamos com um pouco de meditação as vantagens que resultaram de tudo isso para a felicidade da espécie humana, só podemos ficar impressionados com a espantosa desproporção que há entre essas coisas e lamentar a cegueira do homem que, para alimentar seu orgulho e não sei que vã admiração de si mesmo, o faz correr com ardor atrás de todas as misérias de que é capaz e que a benfazeja natureza tivera o cuidado de afastar dele.

Os homens são maus: uma triste e contínua experiência dispensa a prova; no entanto, creio ter demonstrado que o homem é naturalmente bom. O que pôde então depravá-lo até esse ponto, senão as mudanças sobrevindas em sua constituição, os progressos que ele fez e os conhecimentos que adquiriu? Por mais que se queira admirar a sociedade humana, não é menos verdade que ela leva necessariamente os homens a se odiarem entre si à medida que seus interesses se cruzam, a se prestarem aparentemente serviços mútuos e, em realidade, a praticarem todos os males imagináveis. O que se pode pensar de um comércio no qual a razão de cada indivíduo lhe dita regras de conduta contrárias àquelas que a razão pública prega ao conjunto da sociedade e no qual cada um obtém sua vantagem da infelicidade de outrem? Talvez não haja um homem abastado a quem herdeiros ávidos, muitas vezes seus próprios filhos, não desejem secretamente a morte; um navio no mar cujo naufrágio não seja uma boa notícia para algum negociante; uma casa que um devedor de má-fé não queira ver queimar com todos os papéis que ela contém; um povo que não se alegre com os desastres de seus vizinhos. É assim que encontramos nossa vantagem no prejuízo de nossos semelhantes, as perdas de um fazendo quase sempre a prosperidade do outro. Porém, o que há de mais perigoso ainda é que as calamidades públicas constituem a expectativa e a esperança de uma série de indivíduos. Uns querem as doenças, outros a mortalidade, outros a guerra, outros a fome. Vi homens malignos chorarem de dor ante o anúncio de um ano fértil, e o grande e funesto incêndio de Londres [em 1666], que custou a vida ou os bens a tantos infelizes, fez talvez a fortuna de mais de dez mil pessoas. Sei que Montaigne censura o ateniense Demades por ter mandado punir um operário que, vendendo caro seus ataúdes, ganhava muito com a morte dos cidadãos. Mas é evidente que a razão alegada por Montaigne, de que nesse caso seria preciso punir todo o mundo, confirma as minhas. Penetremos, pois, através de nossas frívolas demonstrações de benevolência, o que se passa no fundo dos corações e reflitamos sobre o que deve ser um estado de coisas no qual todos os homens são forçados a se lisonjear e a se destruir mutuamente, no qual eles nascem inimigos por dever e traiçoeiros por interesse. Se me disserem que a sociedade é constituída de tal modo que cada homem ganha em servir os outros, replicarei que seria muito certo se ele não ganhasse ainda mais em prejudicá-los. Não há lucro legítimo que não seja ultrapassado pelo que se pode obter ilegitimamente, e o dano feito ao próximo é sempre mais lucrativo do que os serviços. Trata-se apenas, portanto, de encontrar os meios de assegurar a própria impunidade, e é a isso que os poderosos dedicam todas as suas forças e os fracos todas as suas artimanhas.

O homem selvagem, depois que comeu, está em paz com toda a natureza e é amigo de todos os seus semelhantes. Ocorre-lhe às vezes disputar sua refeição? Ele nunca chega às vias de fato sem antes ter comparado a dificuldade de vencer com a de encontrar noutra parte a subsistência e, como o orgulho não se imiscui no combate, este não vai além de alguns sopapos. O vencedor come, o vencido tenta a sorte noutro lugar e tudo está pacificado. Mas as coisas são bem diferentes com o homem em sociedade. Trata-se primeiro de prover o necessário, depois o supérfluo; a seguir vêm as delícias, as imensas riquezas, os súditos, os escravos. Ele não tem um momento de descanso. O mais estranho é que, quanto menos naturais e prementes são as necessidades, mais aumentam as paixões e, o que é pior, o poder de satisfazê-las. De modo que, depois de longas prosperidades, depois de ter devorado tesouros e arruinado muitos homens, meu herói acabará por destruir tudo, até ser o único senhor do universo. Tal é, resumidamente, o quadro moral, se não da vida humana, pelo menos das pretensões secretas do coração de todo homem civilizado.

Comparem sem preconceito o estado do homem civil com o do homem selvagem e busquem saber, se puderem, quantas portas o primeiro, além de sua maldade, suas necessidades e suas misérias, abriu para a dor e a morte. Se considerarem os esforços de espírito que nos consomem, as paixões violentas que nos esgotam e nos desolam, os trabalhos excessivos de que os pobres são sobrecarregados, a indolência ainda mais perigosa a que se entregam os ricos, o que leva uns a morrer por carência, os outros por excesso; se pensarem nas monstruosas misturas de alimentos, nos seus perniciosos condimentos, nos gêneros alimentícios empobrecidos, nas drogas falsificadas, nas trapaças dos que as vendem, nos erros dos que as administram, no veneno das vasilhas em que são preparadas; se prestarem atenção nas doenças epidêmicas causadas pelo ar insalubre das multidões de homens reunidos, naquelas ocasionadas pela fragilidade de nossa maneira de viver, com passagens alternadas do interior de nossas casas ao ar livre, com o uso de roupas vestidas e tiradas com muito pouca precaução, com todos os cuidados que nossa sensualidade excessiva transformou em hábitos necessários e cuja negligência ou privação nos custa a seguir a vida ou a saúde; se levarem em conta os incêndios e os terremotos que, consumindo ou derrubando cidades inteiras, fazem perecer aos milhares seus habitantes; em suma, se reunirem os perigos que todas essas causas colocam continuamente sobre nossas cabeças, perceberão o quanto a natureza nos faz pagar caro por nosso desprezo por suas lições.

Não repetirei aqui o que já falei sobre a guerra, mas gostaria que as pessoas instruídas quisessem ou ousassem trazer a público, alguma vez, os detalhes dos horrores que se cometem nos exércitos pelos fornecedores de víveres e dos hospitais; veríamos que suas manobras, nada secretas, pelas quais os mais brilhantes exércitos se reduzem a menos que nada, fazem perecer mais soldados do que o fazem as armas do inimigo. Um cálculo não menos espantoso é o dos homens que o mar devora todos os anos pela fome, pelo escorbuto, pelos piratas, pelo fogo, pelos naufrágios. É claro que se deve também pôr na conta da propriedade estabelecida, e portanto da sociedade, os assassinatos, os envenenamentos, os assaltos nas estradas e as punições mesmas desses crimes, punições que são necessárias para prevenir males maiores, mas que, ao tirarem, pela morte de um homem, a vida de dois ou mais, não deixam de duplicar realmente a perda da espécie humana. Quantos meios vergonhosos de impedir o nascimento dos homens e de enganar a natureza! Seja pelos gostos brutais e depravados que insultam sua obra mais encantadora, gostos que os selvagens e os animais nunca conheceram e que nasceram apenas de uma imaginação corrupta nos países civilizados; seja pelos abortos secretos, dignos frutos da devassidão e da honra viciada; seja pelo abandono ou pelo homicídio de uma multidão de crianças, vítimas da miséria dos pais ou da vergonha bárbara das mães; seja, enfim, pela mutilação desses infelizes que têm uma parte de sua existência e toda a sua posteridade sacrificadas a canções vãs ou, o que é pior ainda, ao ciúme brutal de alguns homens: mutilação que, nesse último caso, ultraja duplamente a natureza, tanto pelo tratamento que recebem os que a sofrem quanto pelo uso ao qual se destinam.*

O que aconteceria se eu resolvesse mostrar a espécie humana atacada em sua fonte mesma e até no mais santo de todos os laços, no qual não se ousa mais escutar a natureza senão após consultar a fortuna, no qual, com a desordem civil confundindo as virtudes e os vícios, a continência se torna uma precaução criminosa e a recusa de dar a vida ao semelhante um ato de humanidade? Mas, sem rasgar o véu que cobre tantos horrores, contentemo-nos em indicar o mal a que outros devem trazer o remédio.

Se juntarmos a tudo isso a quantidade de ofícios insalubres que abreviam a vida ou destroem o caráter, como os trabalhos nas minas, as diversas preparações dos metais, dos minerais, sobretudo o chumbo, o cobre, o mercúrio, o cobalto, o arsênio, o realgar;[27] também os ofícios perigosos que diariamente tiram a vida de quantidades de operários,

* Mas não há inúmeros casos mais frequentes e mais perigosos ainda, em que os direitos paternos ofendem abertamente a humanidade? Quantos talentos perdidos e inclinações forçadas pela imprudente coerção dos pais! Quantos homens teriam se distinguido numa situação apropriada, que morrem infelizes e desonrados numa outra para a qual não tinham o menor gosto! Quantos casamentos felizes, mas desiguais, foram rompidos ou perturbados, e quantas castas esposas foram desonradas por essa ordem de condições sempre em contradição com a da natureza! Quantas outras uniões espúrias, formadas pelo interesse e negadas pelo amor e pela razão! E mesmo quantos esposos honestos e virtuosos se supliciam mutuamente por terem se unido mal! Quantas jovens e desafortunadas vítimas da avareza dos pais mergulham no vício ou passam a vida em lágrimas, gemendo dentro de laços indissolúveis que o coração rejeita e apenas o dinheiro formou! Felizes aqueles que a coragem e a virtude às vezes arrancam da vida, antes que uma violência bárbara os force a levá-la ao crime ou ao desespero. Perdoem-me, pai e mãe para sempre deploráveis. Agravo, contra a minha vontade, as dores de vocês. Mas possam elas servir de exemplo eterno a todo aquele que ouse, em nome da natureza, violar o mais sagrado de seus direitos!

Se falei apenas desses laços malformados que são o resultado de nossa civilização, deve-se pensar que aqueles presididos apenas pelo amor e a simpatia estejam, eles próprios, isentos de inconvenientes? (Ed. 1782)

27. Sulfato de arsênio, usado na fabricação de fogos de artifício. (N.T.)

como telhadores, carpinteiros, pedreiros, ou os que trabalham em pedreiras; se juntarmos todos esses objetos, repito, poderemos ver no estabelecimento e no aperfeiçoamento das sociedades as razões da diminuição da espécie, observada por mais de um filósofo.

O luxo, impossível de evitar em homens ávidos de sua própria comodidade e da consideração dos outros, não tarda a completar o mal que as sociedades começaram e, sob o pretexto desnecessário de fazer com que os pobres vivam, empobrece todo o resto e despovoa, cedo ou tarde, o Estado.

O luxo é um remédio muito pior do que o mal que ele pretende curar; ou melhor, ele mesmo é o pior de todos os males que podem atingir um Estado, grande ou pequeno, o qual, para alimentar as multidões de criados e miseráveis que produziu, oprime e arruína o camponês e o cidadão – a exemplo dos ventos quentes do sul que, cobrindo a vegetação de insetos devoradores, retiram a subsistência dos animais úteis e levam a escassez e a morte a todos os lugares onde se fazem sentir.

Da sociedade e do luxo que ela engendra nascem as artes liberais e mecânicas, o comércio, as letras e todas as inutilidades que fazem florescer a indústria, que enriquecem e enfraquecem o Estado. A razão desse enfraquecimento é muito simples. É fácil perceber que, por sua natureza, a agricultura deve ser a menos lucrativa de todas as artes, porque, sendo seu produto o mais indispensável a todos os homens, seu preço deve ser proporcional à capacidade dos mais pobres. Do mesmo princípio se pode tirar a seguinte regra: em geral, as artes são lucrativas na razão inversa de sua utilidade, as mais necessárias devendo, enfim, tornar-se as mais negligenciadas. Por aí se vê o que se deve pensar das verdadeiras vantagens da indústria e do efeito real que resulta de seus progressos.

Tais são as causas sensíveis de todas as misérias nas quais a opulência precipita, por fim, as nações mais admiradas. À medida que a indústria e as artes florescem, o lavrador desprezado, onerado de impostos necessários à manutenção do luxo e condenado a passar a vida entre o trabalho e a fome, abandona o campo para ir buscar nas cidades o pão que deveria levar a elas. Quanto mais as capitais enchem de admiração os olhos estúpidos do povo, tanto mais se deveria gemer de ver os campos abandonados, as terras não cultivadas, as estradas inundadas de infelizes cidadãos transformados em mendigos ou ladrões e destinados a terminar sua miséria no suplício da roda ou num monte de lixo. É assim que o Estado, enriquecendo de um lado, se enfraquece e se despovoa de outro, e as mais poderosas monarquias, depois de muitos esforços para ficarem opulentas e desertas, acabam sendo a presa de nações pobres que sucumbem à funesta tentação de invadi-las, para enriquecerem e se enfraquecerem por sua vez, até que elas mesmas sejam invadidas e destruídas por outras.

Que nos expliquem, alguma vez, o que pôde produzir essas ondas de bárbaros que durante tantos séculos inundaram a Europa, a Ásia e a África! Era à indústria de suas artes, à sabedoria de suas leis, à excelência de sua civilização que deviam essa prodigiosa população? Que nossos sábios nos digam por que, em vez de se multiplicarem a tal ponto, esses homens ferozes e brutais, sem luzes, sem freios, sem educação, não se matavam entre si a cada instante para disputar suas pastagens ou sua caça; que nos expliquem como esses miseráveis tiveram a ousadia de olhar de frente os homens hábeis que éramos, com uma bela disciplina militar, belos códigos e sábias leis! E nos digam afinal por que, desde que a sociedade se aperfeiçoou nos países do Norte e se deu tanto trabalho para ensinar aos homens seus deveres mútuos e a arte de viver juntos de maneira agradável e pacífica, não se vê surgir mais nada de semelhante às multidões de homens que outrora lá se produziam! Receio muito que alguém me responda, no final, que todas essas grandes coisas, a saber, as artes, as ciências e as leis, foram cuidadosamente inventadas pelos homens como uma peste salutar para impedir a excessiva multiplicação da espécie, a fim de que este mundo, que nos é destinado, não acabasse se tornando demasiado pequeno para seus habitantes.

Mas como! Então é preciso destruir as sociedades, aniquilar o que é meu e o que é teu e voltar a viver nas florestas com os ursos? Essa é uma consequência à maneira de meus adversários, que prefiro antecipar a deixar-lhes a vergonha de tirá-la. Ó vós, a quem a voz celeste não se fez ouvir, e que não reconheceis outra destinação para vossa espécie senão acabar em paz esta curta vida; vós que podeis deixar no meio das cidades vossas funestas aquisições, vossos espíritos inquietos, vossos corações corrompidos e vossos desejos desenfreados; retomai, pois depende de vós, vossa antiga e primeira inocência! Ide aos bosques perder a visão e a memória dos crimes de vossos contemporâneos e não temais aviltar a espécie, renunciando a suas luzes para renunciar a seus vícios! Quanto aos homens semelhantes a mim, cujas paixões destruíram para sempre a original simplicidade, que não podem mais se alimentar de erva e de fruto do carvalho, nem se abster de leis e de chefes; aqueles que foram honrados, em seu primeiro pai, por lições sobrenaturais; aqueles que verão, na intenção de dar inicialmente às ações humanas uma moralidade que elas demorariam a adquirir, a razão de um preceito indiferente por si mesmo e inexplicável em qualquer outro sistema; aqueles que estão convencidos, em suma, de que a voz divina chamou todo o gênero humano às luzes e à felicidade das inteligências celestes, todos esses procurarão, pelo exercício das virtudes que se obrigam a praticar aprendendo a conhecê-las, merecer o prêmio eterno que devem esperar; eles respeitarão os sagrados laços das sociedades das quais são membros; amarão seus semelhantes e os servirão com todo o seu poder; obedecerão escrupulosamente às leis e aos homens que são seus autores e ministros; honrarão, principalmente, os bons e sábios príncipes que saberão prevenir, curar ou atenuar a quantidade de abusos e males sempre prontos a nos oprimir; animarão o zelo desses dignos chefes, mostrando-lhes sem temor e sem adulação a grandeza de sua tarefa e o rigor de seu dever; mas nem por isso desprezarão menos uma constituição que só pode se manter com a ajuda de muitas pessoas respeitáveis – e querer que o sejam é geralmente mais fácil do que obtê-las – e da qual, apesar de todos os seus cuidados, nascem sempre mais calamidades reais do que vantagens aparentes.

Nota X (página 57)

Entre os homens que conhecemos, por nós mesmos, pelos historiadores ou pelos viajantes, uns são negros, outros brancos, outros vermelhos; uns têm os cabelos compridos, outros, curtos e encaracolados; uns são quase completamente peludos, outros não têm sequer barba; houve e talvez ainda haja nações de homens de um tamanho gigantesco, e, deixando de lado a fábula dos pigmeus, que pode ser apenas um exagero, sabemos que os lapões e principalmente os groenlandeses estão muito abaixo do tamanho médio do homem; afirma-se mesmo que há povos inteiros que têm cauda como os quadrúpedes; e, sem acreditar cegamente nos relatos de Heródoto e Ctésias, pode-se pelo menos formar a opinião muito provável de que, se tivessem sido feitas boas observações nos tempos antigos em que as maneiras de viver dos povos diversos eram mais diferentes entre si do que hoje, também se teriam assinalado, no aspecto e na compleição do corpo, variedades muito mais marcantes.

Todos esses fatos, dos quais é fácil fornecer provas incontestáveis, só podem surpreender os que estão acostumados a ver apenas os objetos que os cercam e ignoram os fortes efeitos do clima, do ar, dos alimentos, da maneira de viver, dos hábitos em geral, e sobretudo a força espantosa das mesmas causas quando agem continuamente sobre longas séries de gerações. Hoje, quando o comércio, as viagens e as conquistas reúnem mais os povos diversos, e suas maneiras de viver não cessam de se aproximar pela frequente comunicação, percebe-se que algumas diferenças nacionais diminuíram; todos podem observar, por exemplo, que os franceses atuais não são mais aqueles grandes corpos brancos e louros descritos pelos historiadores latinos, embora o tempo, juntamente com a mistura de francos e normandos, eles também brancos e louros, devesse ter restabelecido o que o convívio com os romanos pôde retirar da influência do clima na constituição natural e na cor da pele dos habitantes. Todas essas observações sobre as variedades que inúmeras causas podem produzir, e de fato produziram na espécie humana, me fazem duvidar se diversos animais semelhantes aos homens – tomados, sem muito exame, como bestas pelos viajantes, porque algumas diferenças eram notadas na conformação exterior ou somente porque esses animais não falavam – não seriam de fato verdadeiros homens selvagens, cuja raça, dispersa antigamente nas florestas, não teve a ocasião de desenvolver nenhuma de suas faculdades virtuais, não adquiriu nenhum grau de perfeição, achando-se ainda no estado primitivo de natureza. Eis um exemplo do que quero dizer.

"Há no reino do Congo", diz o tradutor da *História das viagens*[28], "uma quantidade daqueles grandes animais chamados *orangotangos* nas Índias ocidentais, que são como o ponto médio entre a espécie humana e os babuínos. Battel

28. *L'Histoire des Voyages*, uma publicação periódica que existia na França desde 1746. (N.T.)

[um viajante inglês] conta que nas florestas de Mayomba, no reino de Loango, veem-se duas espécies de monstros, os maiores chamados de *pongos* e os outros de *enjokos*. Os primeiros têm uma semelhança exata com o homem, mas são mais corpulentos e de estatura muito alta. Com um rosto humano, têm os olhos muitos afundados. As mãos, as faces e as orelhas não têm pelos, com exceção das sobrancelhas, muito longas. Embora o resto do corpo seja bastante peludo, os pelos não são muito espessos e sua cor é castanha. Enfim, a única parte que os distingue dos homens é a perna sem panturrilha. Andam eretos, segurando com a mão os pelos do pescoço. Abrigam-se nos bosques. Dormem em cima das árvores, nas quais fazem uma espécie de telhado que os protege da chuva. Seus alimentos são frutas e nozes selvagens. Nunca comem carne. Os negros que atravessam a floresta e costumam acender fogueiras durante a noite observam que, após partirem de manhã, os pongos tomam seu lugar ao redor do fogo e só se retiram quando ele se extinguiu, pois, embora muito habilidosos, não têm inteligência suficiente para conservá-lo trazendo lenha.

"Às vezes andam em bandos e matam os negros que atravessam a floresta. Atacam mesmo os elefantes que vêm pastar nos lugares que habitam e os incomodam tanto com socos e pauladas que os forçam a fugir aos gritos. Os pongos nunca são capturados vivos, pois são tão robustos que dez homens não seriam suficientes para detê-los. Mas os negros capturam muitos deles quando jovens após terem matado a mãe, ao corpo da qual o filhote se agarra fortemente. Quando um desses animais morre, os outros cobrem seu corpo com um monte de ramos e folhagens. Purchass [um editor de livros de viagens] acrescenta que, em suas conversas com Battel, ficou sabendo que um pongo arrebatou deste último um negrinho, que passou um mês inteiro na companhia desses animais. Eles não fazem mal algum aos homens que encontram, pelo menos quando estes não os encaram, como observou o negrinho. Battel não descreveu a segunda espécie de monstro.

"Dapper [médico e geógrafo holandês] confirma que o reino do Congo está cheio desses animais que nas Índias têm o nome de *orangotango*, isto é, habitantes dos bosques, e que os africanos chamam de *quojas-morros*. Esse animal, diz ele, é tão parecido com o homem que a alguns viajantes ocorreu que podia ser uma mistura de mulher e macaco, quimera que os negros mesmos rejeitam. Um desses animais foi transportado do Congo à Holanda e apresentado ao príncipe de Orange, Frederico Henrique. Era do tamanho de uma criança de três anos, nem gordo nem magro, mas forte e bem-proporcionado, muito ágil e esperto, com as pernas carnudas e robustas, o corpo nu na parte dianteira e atrás coberto de pelos escuros. À primeira vista, seu rosto se assemelhava ao de um homem, mas com o nariz achatado e curvado; as orelhas eram também as da espécie humana; o seio, pois se tratava de uma fêmea, era rechonchudo, o umbigo afundado, os ombros muito juntos, as mãos divididas em dedos e polegar, a barriga da perna e o calcanhar grossos e carnudos. Andava seguidamente ereto sobre as pernas e era capaz de erguer e carregar fardos bastante pesados. Quando queria beber, pegava com uma das mãos a tampa do jarro e com a outra segurava o fundo, enxugando a seguir graciosamente os lábios. Deitava-se para dormir, com a cabeça numa almofada, cobrindo-se com tanta habilidade que parecia um homem na cama. Os negros contam coisas estranhas desse animal; afirmam não só que ele força as mulheres e as meninas, mas que ousa atacar homens armados. Em suma, há toda a aparência de ser o sátiro dos antigos. Merolla [capuchinho e missionário italiano] talvez se refira a esses animais quando conta que os negros capturam às vezes, em suas caçadas, homens e mulheres selvagens."

Também são mencionadas essas espécies de animais antropoformes no terceiro tomo da mesma *História das viagens*, sob o nome de *beggo* e de *mandril*; porém, para nos limitarmos aos relatos precedentes, encontram-se na descrição desses supostos monstros conformidades impressionantes com a espécie humana e diferenças menores do que aquelas que se poderiam apontar de homem a homem. Não se percebem, nessas passagens, as razões nas quais os autores se baseiam para recusar aos animais em questão o nome de homens selvagens, mas é fácil conjecturar que é por causa de sua estupidez e também porque não falam; razões fracas para os que sabem que, embora o órgão da fala seja natural ao homem, a fala mesma não lhe é natural e para os que compreendem até que ponto a perfectibilidade pode ter elevado o homem civil acima de seu estado original. O pequeno número de linhas dessas descrições pode nos fazer supor o quanto esses animais foram mal observados e com que preconceitos foram vistos. Por exemplo, eles são qualificados de monstros, mas concorda-se que engendram. Numa passagem, Battel diz que os pongos matam os negros que atravessam as florestas; numa outra, Purchass acrescenta que não lhes fazem mal algum, mesmo quando os surpreendem, pelo menos se os negros não se põem a encará-los. Os pongos se reúnem em volta das fogueiras acesas pelos negros depois que estes se retiram, retirando-se por sua vez quando o fogo se apagou. Eis aí o fato; vejamos agora o comentário do observador: *embora muito habilidosos, não têm inteligência suficiente para conservá-lo trazendo lenha.* Eu gostaria de saber como Battel ou Purchass, seu compilador, puderam concluir que a retirada dos pongos era um efeito de sua estupidez e não de sua vontade. Num clima como o de Loango, o fogo não é algo muito necessário aos animais e, se os negros o acendem, é menos contra o frio do que para afastar os animais ferozes. Portanto, é muito natural que, após terem se distraído com as chamas ou terem se aquecido, os pongos se aborreçam de ficar sempre no mesmo lugar e saiam a se alimentar no pasto, que requer mais tempo do que se comessem carne. Aliás, sabe-se que os animais em sua maior parte, sem excetuar o homem, são naturalmente preguiçosos e se recusam a todo tipo de cuidados que não sejam de uma absoluta necessidade. Enfim, parece muito estranho que os pongos, cuja habilidade e cuja força são louvadas, que sabem enterrar seus mortos e construir abrigos com ramagens, não saibam lançar lenha ao fogo. Lembro-me de ter visto um macaco fazer essa mesma ação que os pongos, dizem, seriam incapazes de fazer; é verdade que, não tendo então meu interesse voltado para esse aspecto, cometi também o erro que censuro em nossos viajantes, não cheguei a examinar se a intenção do macaco era, de fato, conservar o fogo ou simplesmente, como acredito, imitar a ação de um homem. Seja como for, está bem demonstrado que o macaco não é uma variedade do homem, não só porque está privado da fala, mas principalmente porque se tem certeza de que sua espécie não tem a capacidade de aperfeiçoar-se, que é o caráter específico da espécie humana. Não parecem ter sido feitas experiências bastante cuidadosas com os pongos e o orangotango para poder chegar à mesma conclusão. Haveria, no entanto, um meio pelo qual os observadores mais grosseiros poderiam se certificar, inclusive demonstrando, se o orangotango ou outros são da espécie humana; contudo, além de uma única geração não ser suficiente para essa experiência, ela é tida como impraticável, porque seria preciso que o que é apenas uma suposição fosse demonstrado verdadeiro, antes que a prova que deveria constatar o fato pudesse ser tentada inocentemente.

Os julgamentos precipitados, que não são o fruto de uma razão esclarecida, estão sujeitos a cair no excesso. Sem a menor cerimônia, nossos viajantes apresentam como animais, sob os nomes de *pongo*, *mandril*, *orangotango*, os mesmos seres que, sob os nomes de *sátiros*, *faunos*, *silvanos*, os antigos apresentavam como divindades. Talvez pesquisas mais exatas venham a descobrir que não se trata nem de animais nem de deuses, mas de homens. Enquanto isso, parece-me que nesse ponto há razão para confiar tanto em Merolla, religioso letrado, testemunha ocular – e que, com toda a sua ingenuidade, não deixava de ser um homem de espírito – quanto no comerciante Battel, em Dapper, em Purchass e em outros compiladores.

Que julgamento teriam feito tais observadores sobre a criança encontrada em 1694, sobre a qual falei antes, que não apresentava nenhum sinal de razão, andava apoiada nos pés e nas mãos, não tinha nenhuma linguagem e emitia sons que em nada se assemelhavam aos de um homem? Demorou muito, afirma o filósofo que me relatou esse fato, antes que ela pudesse proferir algumas palavras de maneira bárbara. Assim que pôde falar, interrogaram-na sobre seu primeiro estado, mas ela não mais se lembrava, assim como não lembramos o que nos aconteceu no berço. Se essa criança tivesse, desafortunadamente para ela, caído nas mãos de nossos viajantes, é certo que teriam decidido, após observarem seu silêncio e sua estupidez, enviá-la de volta à floresta ou encerrá-la numa exposição de feira para depois fazerem belos e doutos relatos de um animal muito curioso que se assemelhava bastante ao homem.

Desde que, de trezentos ou quatrocentos anos para cá, os habitantes da Europa inundaram as outras partes do mundo e não cessam de publicar novos relatos e coletâneas de viagens, estou convencido de que, acerca dos homens, conhecemos apenas os europeus; preconceitos ridículos, que não se extinguiram mesmo entre os homens de letras, levam cada um a fazer apenas, sob o nome pomposo de estudo do homem, o dos homens de seu país. Por mais que os indivíduos se desloquem, é como se a filosofia não viajasse e a de cada povo não se prestasse a um outro. A causa disso é manifesta, pelo menos para os países distantes. Há somente quatro tipos de homens que fazem viagens de longo curso: os marinheiros, os comerciantes, os soldados e os missionários. Ora, não se deve esperar muito que as três primeiras classes forneçam bons observadores; quanto aos da quarta, movidos por sua vocação sublime, ainda que não tivessem os preconceitos comuns aos demais, devemos supor que não se entregariam de bom grado a pesquisas que parecem de pura curiosidade e que os desviariam dos trabalhos mais importantes aos quais se destinam. Aliás, para pregar utilmente o Evangelho, basta o zelo, Deus dá o resto; contudo, para estudar os homens, é preciso talentos que Deus não reserva a ninguém e que nem sempre são dados aos santos. Não há um livro de viagens em que não se encontrem descrições de tipos e de costumes, mas é surpreendente ver que essas pessoas que descrevem tantas coisas não dizem senão o que cada um já sabia; no outro extremo do mundo, elas percebem apenas o que lhes teria bastado observar sem sair de sua rua; nunca veem aqueles traços verdadeiros que distinguem as nações e que impressionam os olhos feitos para ver. Daí o belo adágio de moral, tão repisado pela turba filosofesca, de que os homens são em toda parte os mesmos e de que, tendo em toda parte as mesmas paixões e os mesmos vícios, é inútil buscar caracterizar os diferentes povos; o que é um argumento tão bom como dizer que não se poderia distinguir Pedro de Paulo porque ambos têm olhos, nariz e boca.

Será que nunca veremos renascer aqueles tempos felizes em que os povos não se metiam a filosofar, mas em que os Platões, os Tales e os Pitágoras, possuídos de um ardente desejo de saber, empreendiam as maiores viagens unicamente para se instruir e iam longe para sacudir o jugo dos preconceitos nacionais, para aprender a conhecer os homens por suas conformidades e por suas diferenças e para adquirir conhecimentos universais que não são os de um século ou de um país exclusivamente, mas, sendo de todos os tempos e lugares, são, por assim dizer, a ciência comum dos sábios?

Admira-se a magnificência de alguns curiosos que fizeram ou custearam dispendiosas viagens ao Oriente com cientistas e pintores para lá desenharem choupanas e decifrarem ou copiarem inscrições. Mas não consigo entender como, num século que se orgulha de grandes conhecimentos, não haja dois homens – um rico em dinheiro, o outro em gênio, ambos amando a glória e aspirando à imortalidade, pela qual um sacrifica vinte mil escudos de seus bens e o outro dez anos de sua vida numa viagem célebre ao redor do mundo – que se juntem para estudar, não sempre pedras e plantas, mas ao menos uma vez os homens e os costumes, e que, após tantos séculos dedicados a medir e a considerar a casa, queiram enfim conhecer seus habitantes.

Os acadêmicos que percorreram as partes setentrionais da Europa e meridionais da América tinham mais por objeto visitá-las como geômetras do que como filósofos. No entanto, como eram ambas as coisas ao mesmo tempo, não se pode considerar como completamente desconhecidas as regiões que foram vistas e descritas pelos La Condamine e pelos Maupertius. O joalheiro Chardin, que viajou como Platão, nada deixou de dizer sobre a Pérsia. A China parece ter sido bem observada pelos jesuítas. Kempfer dá uma ideia razoável do que viu no Japão. Com exceção desses relatos, não conhecemos de modo algum os povos das Índias orientais, frequentados unicamente por europeus mais desejosos de encher as bolsas do que a cabeça. A África inteira e seus numerosos habitantes, tão singulares pelo caráter quanto pela cor, ainda faltam ser estudados; a terra está coberta de nações das quais conhecemos apenas os nomes, e nos metemos a julgar o gênero humano! Suponhamos um Montesquieu, um Buffon, um Diderot, um Duclos, um d'Alembert, um Condillac ou homens dessa têmpera, viajando para instruir seus compatriotas, observando e descrevendo, como sabem fazer, a Turquia, o Egito, a Barbária [África do Norte], o império do Marrocos, a Guiné, o país dos cafres [sudoeste da África], o interior da África e suas costas orientais, os malabares, o Mogol [Mongólia], as margens do Ganges, os reinos de Sião, de Pegu e Ava [Birmânia], a China, a Tartária [Turquestão] e principalmente o Japão; depois, num outro hemisfério, o México, o Peru, o Chile, as terras Magelânicas [Ilha do Fogo], sem esquecer os patagões, verdadeiros ou falsos, o Tucuman, o Paraguai, se possível, o Brasil e, finalmente, as Caraíbas, a Flórida e todas as terras selvagens, viagem mais importante de todas, a qual seria preciso fazer com o maior cuidado. Suponhamos que esses novos Hércules, de volta de suas viagens memoráveis, escrevessem depois, devagar, a história natural, moral e política do que viram: veríamos sair de suas penas um mundo novo e aprenderíamos assim a conhecer o nosso. Quando tais observadores afirmassem que um determinado animal é um homem e que um outro é uma besta, teríamos de acreditar neles. Ao contrário, seria muito simplório confiar, nesse ponto, em viajantes grosseiros, sobre os quais somos às vezes tentados a fazer a mesma pergunta que eles se metem a resolver sobre outros animais.

Nota XI (página 57)

Isso me parece da maior evidência, e não consigo conceber de onde nossos filósofos puderam tirar todas as paixões que atribuem ao homem natural. Com exceção do simples necessário físico, que a natureza mesma exige, todas as nossas outras necessidades só passaram a existir pelo hábito, antes do qual não eram necessidades, ou por nossos desejos – e não se deseja o que não se tem condições de conhecer. De onde se conclui que, como o homem selvagem deseja apenas as coisas que conhece e conhece apenas aquelas cuja posse está em seu poder ou é fácil de adquirir, nada deve ser tão tranquilo como sua alma e nada tão limitado como seu espírito.

Nota XII (página 62)

Encontro no governo civil de Locke uma objeção que me parece muito especiosa para que me seja permitido ocultá-la. "Como a finalidade da união do macho e da fêmea", diz esse filósofo, "não é simplesmente procriar, mas continuar a espécie, essa união deve durar mesmo após a procriação, pelo menos enquanto é necessária para a alimentação e a conservação dos procriados, isto é, até que eles mesmos sejam capazes de suprir suas necessidades. Essa regra, que a sabedoria infinita do Criador estabeleceu para as obras de suas mãos, é observada constantemente e com exatidão pelas criaturas inferiores ao homem. Nos animais que vivem das ervas, a sociedade do macho e da fêmea não dura mais que cada ato de copulação; como as tetas da mãe são suficientes para alimentar os filhotes até que sejam capazes de pastar a erva, o macho contenta-se em engendrar e, depois, não se imiscui mais com a fêmea nem com os filhotes, para cuja subsistência em nada pode contribuir. Contudo, em relação aos animais de presa, a união dura mais tempo porque, não podendo a mãe prover ao mesmo tempo a subsistência própria e alimentar os filhotes saindo em busca da presa, que é um meio de se alimentar mais laborioso e perigoso do que se alimentar de ervas, a ajuda do macho é totalmente necessária para a manutenção de sua família comum, se podemos usar esse termo, a qual, até poder sair a buscar alguma presa, não poderia subsistir senão pelos cuidados do macho e da fêmea. Observa-se o mesmo em todas as aves, excetuadas algumas aves domésticas que se acham em lugares onde a contínua abundância de alimento dispensa o macho do cuidado de alimentar os filhotes; enquanto estão no ninho, estes têm necessidade de alimentos que o macho e a fêmea lhes trazem, até que possam voar e prover sua subsistência.

"E nisso consiste, a meu ver, a principal, se não a única, razão pela qual o macho e a fêmea, no gênero humano, são obrigados a uma união mais longa do que a de outras criaturas. Essa razão é que a fêmea é capaz de conceber e geralmente volta a engravidar e faz um novo filho, muito antes que o precedente tenha condições de dispensar a ajuda dos pais e de prover ele mesmo suas necessidades. Assim, estando um pai obrigado a cuidar dos que ele engendrou e de manter esse cuidado por muito tempo, ele também se vê na obrigação de continuar a viver na sociedade conjugal com a mesma mulher de quem os teve e de permanecer nessa sociedade por muito mais tempo do que as outras criaturas; nestas, como os filhotes podem subsistir por si mesmos antes de chegar o tempo de uma nova procriação, a ligação do macho e da fêmea se rompe espontaneamente, e ambos se acham em plena liberdade até que a estação que costuma solicitar os animais a se juntarem os obrigue a escolher novos companheiros. E aqui não se poderia deixar de admirar a sabedoria do Criador, que, tendo dado ao homem qualidades próprias para prover tanto o futuro quanto o presente, quis e fez com que a sociedade do homem durasse muito mais tempo que a do macho e da fêmea entre as outras criaturas, para que desse modo a indústria do homem e da mulher fosse mais estimulada e seus interesses melhor unidos, tendo em vista fazer provisões para os filhos e deixá-los bem. Pois nada é mais prejudicial às crianças do que uma conjunção incerta e vaga, ou uma dissolução fácil e frequente da sociedade conjugal."

O mesmo amor à verdade que me fez expor sinceramente essa objeção me estimula a acompanhá-la de algumas observações, se não para resolvê-la, ao menos para esclarecê-la.

1. Observarei, em primeiro lugar, que as provas morais não têm grande força quando se trata do físico, servindo antes para justificar fatos existentes do que para constatar a existência real desses fatos. Ora, esse é o tipo de prova que o sr. Locke emprega na passagem que acabo de citar: embora possa ser vantajoso à espécie humana que a união do homem e da mulher seja permanente, disso não se conclui que foi estabelecido assim pela natureza, caso contrário teríamos de dizer que ela também instituiu a sociedade civil, as artes, o comércio e tudo o que se afirma ser útil ao homem.

2. Ignoro onde o sr. Locke descobriu que entre os animais de presa a união do macho e da fêmea dura mais tempo do que entre os que vivem de erva e que um ajuda o outro a alimentar os filhotes, pois não se vê que o cão, o gato, o urso e o lobo reconheçam melhor sua fêmea do que o cavalo, o carneiro, o touro, o cervo e outros animais herbívoros. Ao contrário, parece que, se a ajuda do macho é necessária à fêmea para preservar os filhotes, seria sobretudo nas espécies que vivem apenas de erva, porque a mãe leva muito tempo a pastar e, durante esse intervalo, é forçada a negligenciar a ninhada, enquanto a presa de uma ursa ou de uma loba é devorada num instante e ela, sem passar fome, tem mais tempo para aleitar os filhotes. Esse raciocínio é confirmado por uma observação relativa ao número de tetas e de filhotes que distingue as espécies carnívoras das frugívoras, conforme o que o que falei na Nota VIII. Se essa observação é justa e geral, e se a fêmea tem apenas duas tetas e raramente gera mais de um filhote por vez, essa é uma forte razão a mais para duvidar que a espécie humana seja naturalmente carnívora; de modo que,

para concluir como Locke, parece que se deveria inverter totalmente seu raciocínio. Também não há solidez na mesma distinção aplicada às aves. Quem poderá se convencer de que a união do macho e da fêmea é mais durável entre os abutres e os corvos do que entre as rolas? Há duas espécies de aves domésticas, a pata e o pombo, que nos fornecem exemplos diretamente contrários ao sistema desse autor. O pombo, que vive apenas de grãos, permanece unido à fêmea e eles alimentam em comum seus filhotes. O pato, cuja voracidade é conhecida, não reconhece a fêmea nem os filhotes e em nada ajuda na subsistência deles. E entre as galinhas, espécie que não é menos carnívora, não se vê que o galo se envolva com a ninhada. Se em outras espécies o macho participa com a fêmea da tarefa de alimentar os filhotes, é porque as aves, inicialmente incapazes de voar e cuja mãe não pode aleitar, têm muito menos condições de dispensar a assistência do pai do que os herbívoros, para os quais a teta da mãe é suficiente, ao menos durante algum tempo.

3. Há muita incerteza sobre o fato principal que serve de base a todo o raciocínio do sr. Locke. Para saber se no puro estado de natureza, como ele afirma, a fêmea geralmente volta a engravidar e tem um novo filho antes que o precedente possa prover ele mesmo suas necessidades, teriam de ser feitas experiências que seguramente Locke não fez e que ninguém tem condições de fazer. O convívio contínuo do macho e da fêmea é uma ocasião tão próxima de expor-se a uma nova gravidez que é muito difícil acreditar que o encontro fortuito, ou o simples impulso do temperamento, produza efeitos tão frequentes no puro estado de natureza quanto no da sociedade conjugal; essa lentidão contribuiria talvez para tornar os filhos mais robustos e também poderia ser compensada pela capacidade de conceber, prolongada até uma idade mais avançada nas mulheres que menos abusassem dela na juventude. Com

relação aos filhos, há muitas razões para acreditar que suas forças e seus órgãos se desenvolvem mais tarde entre nós do que no estado primitivo de que falo. A fraqueza original, que eles devem à constituição dos pais, os cuidados que se toma de envolver e dificultar os movimentos de seus membros, a frouxidão na qual são educados, talvez o uso de um outro leite que não o materno, tudo contraria e retarda neles os primeiros progressos da natureza. O fato de serem obrigados a se aplicar a inúmeras coisas nas quais fixa continuamente sua atenção, sem que se proponham exercícios a suas forças corporais, pode também causar um desvio considerável no seu crescimento. Se, em vez de sobrecarregar e fatigar seus espíritos de inúmeras maneiras, seus corpos se exercitassem nos movimentos contínuos que a natureza parece lhes pedir, provavelmente teriam condições de, muito mais cedo, andar, agir e prover eles mesmos suas necessidades.

4. Enfim, o sr. Locke prova, no máximo, que poderia haver no homem um motivo para permanecer ligado à mulher quando ela tem um filho, mas não prova de modo algum que ele precisou ligar-se a ela antes do parto e durante os nove meses da gravidez. Se a mulher é indiferente ao homem durante esses nove meses, ou mesmo se lhe é então desconhecida, por que ele a socorreria após o parto? Por que a ajudaria a educar um filho que ele não sabe se lhe pertence e cujo nascimento não decidiu nem previu? O sr. Locke supõe, evidentemente, o que está em questão. Pois não se trata de saber por que o homem permanecerá ligado à mulher após o parto, mas sim por que se ligará a ela após a concepção. Satisfeito o apetite, o homem não tem mais necessidade de tal mulher, nem a mulher de tal homem. Este não tem o menor cuidado nem talvez a menor ideia das consequências de sua ação. Cada um dos dois segue o seu caminho, e nada indica que depois de nove meses se lembrem de se terem conhecido. Esse tipo

de memória, pela qual um indivíduo dá preferência a um outro para o ato da geração, exige, como provo no texto, mais progresso ou corrupção no entendimento humano do que se lhe pode supor no estado de animalidade de que falo aqui. Uma outra mulher pode então satisfazer os novos desejos do homem tão comodamente como aquela que ele já conheceu, e um outro homem satisfazer igualmente a mulher, supondo que esta sinta o mesmo apetite durante o estado de gravidez, do que se pode razoavelmente duvidar. Se no estado de natureza a mulher não sente mais a paixão do amor após a concepção do filho, o obstáculo à sua união com o homem se torna ainda muito maior, pois então ela não precisa nem do homem que a fecundou nem de qualquer outro. Portanto, não há no homem nenhuma razão de buscar a mesma mulher, nem na mulher nenhuma razão de buscar o mesmo homem. Com isso o raciocínio de Locke se desfaz, e toda a dialética desse filósofo não evitou o erro que Hobbes e outros cometeram. Eles precisavam explicar um fato do estado de natureza, ou seja, um estado no qual os homens viviam isolados, no qual um homem não tinha motivo algum de permanecer ao lado de outro homem, nem talvez os homens de permanecerem uns ao lado dos outros, o que é bem pior; e esses filósofos não pensaram em se transportar para além dos séculos de sociedade, isto é, desses tempos em que os homens sempre têm uma razão para ficar perto uns dos outros, ou em que um homem tem frequentemente uma razão para ficar ao lado de tal homem ou de tal mulher.

Nota XIII (página 62)

Evitarei aventurar-me nas reflexões filosóficas que teriam de ser feitas sobre as vantagens e os inconvenientes da instituição das línguas. Não é a mim que permitem atacar os erros vulgares, e o povo letrado respeita muito seus preconceitos para suportar pacientemente meus supostos paradoxos. Deixemos, então, que falem pessoas nas quais não se considerou um crime ousar tomar às vezes o partido da razão contra a opinião da multidão. "*Nec quidquam felicitati humani generis decederet, si, pulsa tot linguarum peste et confusione, unam artem callerent mortales, et signis, motibus, gestibusque licitum foret quidvis explicare. Nunc vero ita comparatum est, ut animalium quae vulgo bruta creduntur, melior longe quam nostra hac in parte videatur conditio, ut pote quae promptius et forsan felicius, sensus et cogitationes suas sine interprete significent, quam ulli queant mortales, praesertim si peregrino utantur sermone*" (I. Vossius, *Poemat. Cant. et Viribus Rythmi*, p. 66).[29]

Nota XIV (página 66)

Platão, ao mostrar o quanto as ideias de quantidade discreta e suas relações são necessárias nas menores artes, zomba com razão dos autores de seu tempo que afirmavam que Palamedes havia inventado os números no cerco de Troia, como se, diz o filósofo, Agamênon pudesse ignorar até então quantas pernas tinha. De fato, percebe-se a impossibilidade de a sociedade e as artes terem chegado ao ponto em que estavam no cerco de Troia sem que os homens usassem os números e o cálculo. Porém, a necessidade de conhecer os números antes de adquirir outros conhecimentos

29. "A felicidade do gênero humano nada perderia se, expulsando a funesta e confusa multiplicidade das línguas, os homens procurassem dominar perfeitamente uma arte única e uniforme, na qual teriam o poder de se explicar sobre todas as coisas por meio de sinais, movimentos e gestos. Na situação atual, a condição dos animais que o vulgo qualifica de brutos parece, sob esse aspecto, muito mais preferível que a nossa. Não fazem eles compreender mais rapidamente, e talvez mais fielmente, seus sentimentos e pensamentos, sem intérprete, superiores nisso aos homens, principalmente quando estes recorrem a uma língua estrangeira?" (N.T.)

não torna sua invenção mais fácil de imaginar; uma vez conhecidos os nomes dos números, é fácil explicar seu sentido e suscitar as ideias que esses nomes representam, mas para inventá-los foi preciso, antes de conceber essas ideias, familiarizar-se, por assim dizer, com as meditações filosóficas, exercitar-se em considerar os seres apenas por sua essência e independentemente de qualquer outra percepção – abstração muito penosa, muito metafísica, muito pouco natural e sem a qual, no entanto, essas ideias jamais poderiam transportar-se de uma espécie ou de um gênero a outro, nem os números tornar-se universais. Um selvagem podia considerar separadamente sua perna direita e sua perna esquerda, ou olhá-las juntas sob a ideia indivisível de um par, sem nunca pensar que tivesse duas, pois uma coisa é a ideia representativa que nos descreve um objeto, outra é a ideia numérica que o determina. Ele podia ainda menos contar até cinco e, embora pudesse observar, aplicando uma mão sobre a outra, que os dedos se correspondiam exatamente, estava longe de pensar na igualdade numérica. Não sabia a contagem dos dedos mais do que a dos cabelos, e se, após lhe explicarem o que são os números, alguém lhe dissesse que tinha tantos dedos nos pés como nas mãos, ele talvez ficasse bastante surpreso, ao compará-los, de descobrir que isso era verdade.

Nota XV (página 70)

Convém não confundir o amor-próprio e o amor de si mesmo, duas paixões muito diferentes por sua natureza e por seus efeitos. O amor de si mesmo é um sentimento natural que leva todo animal a zelar pela própria conservação e que, dirigido no homem pela razão e modificado pela piedade, produz a humanidade e a virtude. O amor-próprio não é senão um sentimento relativo, artificial e nascido na sociedade, que leva cada indivíduo a dar mais importância a si do que a qualquer outro, que inspira aos homens todos os males que se fazem mutuamente e que é a verdadeira fonte da honra.

Estando isso bem-entendido, afirmo que em nosso estado primitivo, no verdadeiro estado de natureza, o amor-próprio não existe. Se cada homem em particular considera-se como o único espectador que o observa, como o único ser no universo interessado nele, como o único juiz de seu próprio mérito, não é possível que um sentimento originado em comparações que ele não tem condições de fazer possa germinar em sua alma. Pela mesma razão, esse homem não poderia sentir ódio nem desejo de vingança, paixões que só podem nascer da opinião de alguma ofensa recebida. E como é o desprezo ou a intenção de prejudicar, e não o mal, que constitui a ofensa, homens que não sabem nem se apreciar nem se comparar podem cometer muitas violências mútuas, quando isso lhes traz alguma vantagem, sem nunca se ofenderem reciprocamente. Em suma, por ver seus semelhantes praticamente como veria animais de uma outra espécie, cada homem pode tomar a presa do mais fraco ou ceder a sua ao mais forte sem considerar essas rapinas senão como acontecimentos naturais, sem o menor traço de insolência ou despeito, e sem outra paixão senão a dor ou a alegria de um bom ou um mau sucesso.

Nota XVI (página 88)

É algo extremamente significativo que, depois de tantos anos em que os europeus se atormentam para trazer os selvagens das diversas regiões do mundo à sua maneira de viver, eles não tenham ainda podido ganhar um só, nem mesmo por meio do cristianismo, já que nossos missionários obtêm às vezes cristãos, mas nunca homens civilizados.

Nada pode superar a invencível repugnância que esses pobres selvagens sentem em adotar nossos costumes e em viver à nossa maneira. Se são tão infelizes como se afirma, que inconcebível depravação do juízo os leva a recusar constantemente civilizarem-se, imitando-nos, ou aprenderem a viver felizes entre nós? Ao mesmo tempo, sabemos de muitos franceses e outros europeus que se refugiaram voluntariamente entre essas nações e lá passaram a vida inteira, sem poder mais abandonar essa estranha maneira de viver; sabemos até de sensatos missionários que sentem saudade dos dias calmos e inocentes que passaram entre esses povos tão desprezados. Se responderem que eles não têm luzes suficientes para julgar corretamente sua condição e a nossa, replicarei que a avaliação da felicidade é menos uma questão de razão do que de sentimento. Aliás, essa resposta pode voltar-se contra nós com uma força maior ainda, pois a distância que há entre nossas ideias e a disposição de espírito que deveríamos ter para compreender o gosto que os selvagens sentem por sua maneira de viver é maior do que entre as ideias dos selvagens e aquelas que podem lhes fazer compreender a nossa. De fato, umas poucas observações lhes bastam para perceber que todos os nossos trabalhos se dirigem a somente dois objetos, a saber: a comodidade da vida para si próprio e a consideração em relação aos outros. Mas como podemos imaginar a espécie de prazer que um selvagem sente em passar a vida nas florestas, ou pescando, ou tocando uma flauta grosseira sem nunca saber tirar um som e sem se preocupar em aprender?

Várias vezes selvagens foram levados a Paris, a Londres e a outras cidades; esforçaram-se por mostrar-lhes nosso luxo, nossas riquezas, todas as nossas artes mais úteis e mais curiosas. Tudo isso nunca despertou neles mais do que uma admiração estúpida, sem o menor movimento de cobiça. Lembro-me, entre outras, da história do chefe de alguns americanos setentrionais levado à corte da Inglaterra, cerca de trinta anos atrás. Passaram uma série de coisas diante de seus olhos buscando algo que fosse do seu agrado, sem que nada parecesse interessá-lo. Nossas armas lhe pareciam pesadas e incômodas, nossos calçados lhe feriam os pés, nossas roupas eram um estorvo para ele, tudo o incomodava; finalmente, notaram que, tendo pego um cobertor de lã, pareceu sentir prazer em cobrir os ombros com ele. "Concorda pelo menos", disseram-lhe, "quanto à utilidade desse objeto?" "Sim", ele respondeu, "parece-me quase tão bom quanto uma pele de animal." Não teria dito isso se tivesse usado uma e outra na chuva.

Talvez digam que é o hábito que, ligando cada um à sua maneira de viver, impede os selvagens de sentir o que há de bom na nossa. Nesse caso, parece pelo menos bastante extraordinário que o hábito tenha mais força para manter os selvagens no gosto de sua miséria do que os europeus no gozo de sua felicidade. Contudo, para dar a essa última objeção uma resposta à qual não haja nada a replicar – sem falar em todos os jovens selvagens que em vão se buscou civilizar, nos groenlandeses e habitantes da Islândia que se tentou educar e alimentar na Dinamarca, cuja tristeza e cujo desespero fizeram morrer, seja de tédio, seja no mar onde tentaram voltar a seu país a nado –, vou me contentar em citar um único exemplo que é bem-comprovado e que entrego ao exame dos admiradores da civilização europeia.

"Todos os esforços dos missionários holandeses do cabo da Boa Esperança nunca foram capazes de converter um único hotentote. Van der Stel, governador do Cabo, tendo tomado um deles na infância, fez com que fosse educado nos princípios da religião cristã e na prática dos costumes europeus. Vestiram-no ricamente, ensinaram-lhe várias línguas e seus progressos corresponderam aos cuidados empreendidos com sua educação. Depositando muitas esperanças nele, o governador o enviou às Índias com um comissário geral que o introduziu nos negócios da Companhia. Ele retornou ao Cabo após a morte do comissário. Poucos dias após seu retorno, numa visita a alguns de seus parentes hotentotes, ele decidiu despojar-se de seu traje europeu para tornar a vestir uma pele de ovelha. Voltou ao forte, nesse novo traje, carregando um pacote que continha suas antigas roupas, e apresentou-as ao governador dizendo-lhe estas palavras: 'Tenha a bondade, senhor, de aceitar que renuncio para sempre a estas roupas. Renuncio também, para o resto da minha vida, à religião cristã; minha resolução é viver e morrer na religião, nas maneiras e nos costumes de meus antepassados. A única graça que lhe peço é deixar-me o colar e o cutelo que uso. Eu os conservarei por amor ao senhor'. E, sem esperar a resposta de Van der Stel, fugiu e nunca mais foi visto no Cabo" (*História das viagens*, tomo 5, p. 175).

Nota XVII (página 94)

Poderiam objetar-me que, numa tal desordem, em vez de se matarem uns aos outros obstinadamente, os homens teriam se dispersado se não tivesse havido limites para sua dispersão. Mas, em primeiro lugar, esses limites teriam sido os do mundo e, caso se pense numa excessiva população resultante do estado de natureza, se verá que a terra nesse estado não tardaria a ficar coberta de homens assim forçados a viver reunidos. Aliás, eles teriam se dispersado se o mal fosse rápido e se a mudança tivesse acontecido de um dia para o outro. Porém, já nasciam sob o jugo, tinham o hábito de carregá-lo quando sentiam seu peso e contentavam-se em esperar a ocasião de sacudi-lo. Enfim, como já estavam acostumados a inúmeras comodidades que os forçavam a viver reunidos, a dispersão não era mais tão fácil como nos primeiros tempos, quando cada um, não tendo necessidade senão de si mesmo, tomava sua decisão sem esperar o consentimento de um outro.

Nota XVIII (página 96)

O marechal de Villars conta que, numa de suas campanhas, repreendeu rudemente e ameaçou enforcar um fornecedor de víveres cujas trapaças faziam o exército sofrer e reclamar. "Essa ameaça não me atinge", respondeu ousadamente o patife. "Sinto-me à vontade para lhe dizer que não se enforca um homem que dispõe de cem mil escudos." Não sei como isso aconteceu, acrescenta ingenuamente o marechal, mas de fato ele não foi enforcado, embora merecesse sê-lo cem vezes.

Nota XIX (página 108)

A justiça distributiva se oporia mesmo à igualdade rigorosa do estado de natureza, ainda que esta fosse praticável na sociedade civil. Como todos os membros do Estado lhe devem serviços proporcionais a seus talentos e a suas forças, os cidadãos devem, por sua vez, ser distinguidos e favorecidos proporcionalmente a seus serviços. É nesse sentido que se deve entender uma passagem de Isócrates na qual ele louva os primeiros atenienses por terem sabido distinguir qual a mais vantajosa das duas espécies de igualdade, uma consistindo em fazer todos os cidadãos partilharem indiferentemente as mesmas vantagens, a outra em distribuí-las segundo o mérito de cada um. Esses hábeis políticos, acrescenta o orador, ao banirem a injusta igualdade que não faz diferença alguma entre homens maus e homens de bem, decidiram-se claramente por aquela que recompensa e pune cada um segundo seu mérito. Contudo, em primeiro lugar, nunca existiu sociedade, não importa o grau de corrupção a que possam chegar, na qual não se fizesse diferença alguma entre homens maus e homens de bem; e, nas questões de costumes em que a lei não pode fixar uma medida bastante exata para servir de regra ao magistrado, é muito sabiamente que, para não deixar a seu critério a sorte ou a classificação dos cidadãos, ela lhe proíbe o julgamento das pessoas, reservando-lhe apenas o das ações. Somente costumes tão puros como os dos antigos romanos podiam suportar censores, e tribunais semelhantes logo causariam a maior desordem entre nós. Cabe à estima pública estabelecer a diferença entre homens maus e homens de bem; o magistrado é juiz apenas do direito rigoroso, enquanto o povo é o verdadeiro juiz dos costumes – juiz íntegro e mesmo esclarecido nesse ponto, que às vezes se engana, porém jamais se corrompe. Assim, a posição dos cidadãos deve ser regulada não por seu mérito pessoal – o que seria deixar ao magistrado o meio de fazer uma aplicação quase arbitrária da lei –, mas pelos serviços reais que eles prestam ao Estado e que são suscetíveis de uma avaliação mais exata.

Fragmento de um rascunho do Discurso da desigualdade

À força de novas combinações, à força do hábito de olhar e refletir, a razão humana adquiriu, enfim, o grau de perfeição de que era capaz. Chegando a seus limites, buscou ultrapassá-los, e o homem, mal tendo saído do meio dos animais, quis logo elevar-se acima dos anjos. Mal tendo descoberto as verdades sublimes que são os verdadeiros fundamentos da justiça e da virtude, e cujo conhecimento faz sua verdadeira grandeza, ele pretendeu penetrar os mistérios que estão acima de sua inteligência; acostumando-se a julgar as coisas, caiu, de erro em erro, nos mais vergonhosos enganos. Não me deterei em mostrar o quanto essa orgulhosa curiosidade engendrou loucuras e crimes, quantos ídolos erigiu e quantos fanáticos inspirou; quero apenas assinalar que ela produziu uma nova espécie de desigualdade que, sem ser estabelecida pela natureza nem mesmo pela convenção, mas somente por opiniões quiméricas, foi ao mesmo tempo a menos razoável e a mais perigosa de todas. Elevou-se uma espécie de homens que, tomando-se por intérpretes das coisas incompreensíveis, pretenderam sujeitar todos os outros a suas decisões; ao substituírem as máximas da razão correta pelas suas, absurdas e interessadas, eles desviaram imperceptivelmente os povos dos deveres da humanidade e das regras da moral que não dependiam do critério de ninguém, submetendo-os a práticas indiferentes ou criminosas das quais eram os únicos dispensadores e juízes.

Inimigos mortais das leis e de seus ministros, sempre prontos a autorizar as usurpações injustas do magistrado supremo para mais facilmente usurparem eles mesmos a autoridade suprema, agiam de modo que, falando sempre de direitos puramente espirituais, os bens, a vida e a liberdade dos cidadãos só estivessem seguros se colocados sob seu controle; esse poder era tanto mais temível na medida em que, erigindo-se ousadamente como juízes em causa própria e não aceitando uma medida comum às diferenças que estabeleciam entre eles e os outros, esses homens subvertiam e aniquilavam todos os direitos humanos sem que jamais lhes pudessem provar que abusavam de seus direitos. Enfim, a julgar as coisas apenas por seu curso natural, se o próprio céu não tivesse falado, se a voz de Deus não tivesse indicado aos homens a verdadeira religião que deviam seguir, se sua palavra não tivesse fixado, pela revelação, os limites sagrados dos dois poderes, não sabemos até onde sacerdotes idólatras e ambiciosos, que dominavam os povos pela superstição e os magistrados pelo terror, teriam levado seus atentados e as misérias do gênero humano

Percebe-se pelo menos o quanto, até a instituição sobrenatural da verdadeira religião, tais homens favorecem os empreendimentos do magistrado para facilitar os seus, para torná-lo odioso e preparar o povo a aceitar, sem murmúrio, que um dia eles mesmos tomem esse poder

Foram esses homens perigosos os primeiros a propor aos magistrados que estendessem seus direitos para que estivessem bem-estabelecidos quando chegasse o momento de eles mesmos se aproveitarem; a propor que abusassem de tais direitos para torná-los odiosos e para que o povo aceitasse mais facilmente ser despojado deles. Foram eles também que às vezes instigaram o povo à rebelião para testarem seu poder, para se fazerem temer pelos chefes, para acostumá-los à sua intervenção, preparando de longe as revoluções pelas quais deviam um dia

crer sem conceber, e julgar sem conhecer, buscando nas quimeras de sua imaginação remédios a males que não eram males, e recursos contra a fragilidade de sua natureza; daí nasceram a magia, a adivinhação, os prestígios, a astrologia e outras fantasias sobrenaturais que fazem a vergonha da razão, a admiração dos imbecis e o triunfo dos charlatães

e com castigos e recompensas arbitrárias para

Resposta (a Voltaire)

Paris, 10 de setembro de 1755.

Eu é que agradeço, senhor, sua atenção. Ao lhe oferecer o esboço de meus tristes devaneios, não julguei de modo algum dar-lhe um presente que lhe fosse digno, mas cumprir um dever e prestar uma homenagem que todos lhe devemos como a nosso chefe. Sensível, aliás, à referência honrosa que faz à minha pátria, partilho o reconhecimento de meus concidadãos e espero que este aumente ainda mais quando eles tiverem aproveitado as instruções que puder lhes dar. Embeleze o asilo que escolheu, esclareça um povo digno de suas lições e, sabendo descrever tão bem as virtudes e a liberdade, ensine-os a amá-las dentro de nossas muralhas assim como em seus escritos. Tudo o que se aproxima do senhor deve aprender consigo o caminho da glória.

Entenda que não aspiro a um retorno à nossa animalidade, embora eu lamente muito, de minha parte, o pouco que perdi dela. Em relação ao senhor, esse retorno seria um milagre, ao mesmo tempo tão grande e tão prejudicial que Deus não o faria, nem o diabo haveria de querê-lo. Não tente, portanto, voltar a andar de quatro[30]; seria o último no mundo a conseguir isso. O senhor nos ergueu bem demais sobre nossos dois pés para deixar de apoiar-se nos seus.

Sei de todas as desgraças que perseguem os homens célebres nas letras; sei também de todos os males que estão ligados à humanidade e que parecem independentes de

30. Na carta que escreveu a Rousseau, Voltaire diz em certo momento ironicamente: “Dá vontade de andar de quatro quando se lê seu livro”. (N.T.)

nossos vãos conhecimentos. Os homens abriram para si mesmos tantas fontes de misérias que, quando o acaso os desvia de alguma, mesmo assim são inundados por elas. Aliás, há no progresso das coisas ligações ocultas que o vulgo não percebe, mas que não escaparão ao olhar do sábio que queira refletir. Não foi Terêncio, nem Cícero, nem Virgílio, nem Sêneca, nem Tácito, não foram os sábios nem os poetas que produziram as desgraças de Roma e os crimes dos romanos; contudo, sem o veneno lento e secreto que corrompia o mais vigoroso governo que a história já registrou, nem Cícero, nem Lucrécio, nem Salústio teriam existido ou não teriam escrito. O século amável de Lélio e de Terêncio era muito superior ao século brilhante de Augusto e de Horácio e, finalmente, aos séculos horríveis de Sêneca e Nero, de Domiciano e Marcial. O gosto pelas letras e pelas artes nasce, num povo, de um vício interior que ele aumenta; e, se é verdade que todos os progressos humanos são perniciosos à espécie, os do espírito e dos conhecimentos, que aumentam nosso orgulho e multiplicam nossos erros, logo aceleram nossas desgraças. Mas chega um tempo em que o mal é tamanho que as causas mesmas que o fizeram nascer são necessárias para impedir que ele aumente; é preciso deixar o ferro enterrado na ferida para que o ferido não morra, arrancando-o. Quanto a mim, se tivesse seguido minha primeira vocação e não tivesse nem lido nem escrito, certamente teria sido mais feliz. No entanto, se as letras fossem agora aniquiladas, eu estaria privado do único prazer que me resta. É no seio delas que me consolo de todos os meus males: é entre aqueles que as cultivam que saboreio as doçuras da amizade e aprendo a gozar a vida sem temer a morte. Devo a elas o pouco que sou; devo a elas mesmo a honra de ser conhecido pelo senhor. Mas consultemos o interesse em nossas ocupações e a verdade em nossos escritos. Embora sejam necessários filósofos, historiadores e cientistas para esclarecer o mundo e conduzir seus cegos habitantes, não conheço – se o sábio Memnon me disse a verdade[31] – nada de tão insensato quanto um povo de sábios.

Convenha, senhor: se é bom que grandes gênios instruam os homens, é preciso que o vulgo receba suas instruções; se cada um se puser a dá-las, quem vai querer recebê-las? Os coxos, diz Montaigne, não são aptos aos exercícios do corpo, nem as almas coxas aos exercícios do espírito.

Mas, neste século de saber, vemos apenas coxos querendo ensinar os outros a andarem. O povo recebe os escritos dos sábios para julgá-los, não para se instruir. Nunca se viu tantos Dandin.[32] Eles proliferam no teatro, suas sentenças ressoam nos cafés, são estampadas nos jornais, seus escritos se espalham nas ruas; porque as pessoas aplaudem o *Orphelin*[33], um rabugento, tão incapaz de perceber os defeitos quanto de sentir as belezas dessa peça, põe-se a criticá-la.

Se buscarmos a primeira fonte das desordens da sociedade, veremos que todos os males dos homens procedem muito mais do erro do que da ignorância e que o que não sabemos nos prejudica muito menos do que o que acreditamos saber. Ora, que meio mais certo de cometer um erro atrás do outro, senão o furor de saber tudo? Se não tivessem pretendido saber que a terra não girava, não teriam punido Galileu por ter dito que ela girava. Se apenas os filósofos tivessem reclamado esse título, a Enciclopédia não teria perseguidores. Se cem mirmidões[34] não aspirassem à glória, o senhor desfrutaria em paz a sua, ou pelo menos não teria rivais à sua altura.

---

31. Referência a um conto de Voltaire intitulado "Memnom ou la sagesse humaine" [Memnon ou a sabedoria humana]. (N.T.)

32. Personagem do *Pantagruel*, de Rabelais. (N.T.)

33. Tragédia de Voltaire que era encenada naquele tempo. (N.T.)

34. Termo empregado aqui no sentido de seguidores ou subordinados que cumprem ordens sem questionamento, cf. Houaiss. (N.T.)

Não se surpreenda, pois, de sentir alguns espinhos inseparáveis das flores que coroam os grandes talentos. As injúrias de seus inimigos são as aclamações satíricas que seguem o cortejo dos triunfadores. É o ardor do público por todos os seus escritos que produz os roubos dos quais se queixa. Mas as falsificações não são fáceis, pois nem o ferro nem o chumbo se ligam com o ouro. Permita-me dizer-lhe o interesse que tenho por seu repouso e por nossa instrução. Despreze os clamores vãos pelos quais buscam menos fazer-lhe um mal do que impedi-lo de fazer o bem. Quanto mais o criticarem, mais deve fazer que o admirem. Um bom livro é uma terrível resposta a injúrias impressas; e quem ousaria lhe atribuir coisas que não escreveu, enquanto escreve apenas coisas inimitáveis?

Sou sensível a seu convite; e se este inverno me der condições de visitar na primavera minha pátria, aproveitarei sua generosidade. Gostaria mais de beber a água de sua fonte do que o leite de nossas vacas; quanto às plantas de seu jardim, receio não encontrar senão o lótus, que não é alimento dos animais, e o *moly*, que impede os homens de o serem.[35]

Sou, de todo o meu coração e com todo o respeito etc.

35. Referência a uma passagem da *Odisseia*, de Homero. (N.T.)

Carta de J.-J. Rousseau ao sr. Philopolis

O senhor deseja que eu lhe responda, já que me faz perguntas. Aliás, trata-se de uma obra dedicada a meus concidadãos; ao defendê-la, devo justificar a honra que eles me deram ao aceitá-la. Deixo de lado, em sua carta, o que me diz respeito no que há de bom e de mau; uma coisa compensa a outra, e isso tem pouco interesse para mim, muito menos para o público, já que em nada contribui para a busca da verdade. Começo, pois, pelo raciocínio que me propôs como essencial à questão que procurei resolver.

O estado de sociedade, diz o senhor, resulta imediatamente das faculdades do homem e, portanto, de sua natureza. Querer que o homem não fosse sociável seria, então, querer que ele não fosse homem; insurgir-se contra a sociedade humana seria atacar a obra de Deus. Permita-me, senhor, propor-lhe uma objeção antes de resolver a sua. Eu lhe pouparia esse desvio se conhecesse um meio mais seguro para chegar ao fim.

Suponhamos que alguns sábios descobrissem um dia o segredo de acelerar a velhice e a arte de fazer os homens usarem essa rara descoberta. Persuasão que talvez não fosse tão difícil de se produzir como parece à primeira vista, já que a razão, esse grande veículo de todas as nossas tolices, não haveria de nos faltar para esta. As pessoas sensatas e principalmente os filósofos não tardariam a alcançar, para se livrarem das paixões e gozarem o precioso repouso da alma, a idade de Nestor, renunciando de bom grado aos desejos que se podem satisfazer a fim de se proteger daqueles que é preciso reprimir. Somente alguns desatinados, e sentindo vergonha de sua fraqueza, haveriam de querer insanamente continuar jovens e felizes, em vez de envelhecer para ser sábios.

Suponhamos que um espírito singular, bizarro, em suma, um homem de paradoxos, resolvesse então reprovar aos outros o absurdo de suas máximas, provando-lhes que correm para a morte ao buscarem a tranquilidade, que cometem desvarios de tanto serem razoáveis e que, se devem envelhecer um dia, deveriam ao menos querer sê-lo o mais tarde possível.

Nem é preciso dizer que nossos sofistas, temendo o descrédito de seu arcano, se apressariam em interromper esse discursador importuno. "Sábios velhos", eles diriam a seus adeptos, "agradeçam ao céu as graças que ele dá e se felicitem de ter seguido sempre suas vontades. Vocês estão decrépitos, enfraquecidos, adoentados, é verdade; tal é o destino inevitável do homem. Mas o entendimento de vocês está sadio; apesar dos membros tolhidos, têm a cabeça mais livre; não podem agir, mas falam como oráculos; e, se as dores aumentam dia a dia, a filosofia aumenta com elas. Lastimem a impetuosa juventude cuja saúde brutal a priva dos bens associados à fraqueza da velhice. Pensem nas felizes enfermidades que reúnem ao seu redor tantos hábeis farmacêuticos providos de mais drogas do que os males a curar, tantos sábios médicos que conhecem a fundo sua pulsação, que sabem em grego o nome de todos os seus reumatismos, tantos zelosos consoladores e herdeiros fiéis que agradavelmente os conduzem à última morada. Quanto amparo perdido se vocês não tivessem arranjado os males que tornaram esse amparo necessário."

Podemos imaginar que, apostrofando a seguir nosso imprudente conselheiro, eles lhe diriam mais ou menos o seguinte:

"Pare de fazer, declamador temerário, esse discurso ímpio. Ousa assim censurar aquele que fez o gênero humano? Não decorre o estado de velhice da constituição do homem? Não é natural ao homem envelhecer? Que faz então seu discurso sedicioso senão atacar uma lei da natureza e, portanto, a vontade do Criador? Se o homem envelhece, é porque Deus quer que ele envelheça. São os fatos algo mais que a expressão de sua vontade? Saiba que o homem jovem não é aquele que Deus quis fazer e que, para obedecer bem a suas ordens, devemos ter pressa de envelhecer."

Tudo isso suposto, eu lhe pergunto, senhor, se o homem de paradoxos deve se calar ou responder. Nesse último caso, queira me indicar o que ele deve dizer e procurarei então resolver sua objeção.

Já que pretende me atacar por meu próprio sistema, peço que não esqueça que, na minha opinião, a sociedade é natural à espécie humana, assim como a decrepitude ao indivíduo, e que os povos precisam de artes, leis e governos assim como os velhos precisam de muletas. A única diferença é que o estado de velhice decorre apenas da natureza do homem, enquanto o da sociedade decorre da natureza do gênero humano, não imediatamente, como o senhor diz, mas apenas, como provei, com a ajuda de algumas circunstâncias exteriores que podiam acontecer ou não, ou pelo menos chegar mais cedo ou mais tarde e, portanto, acelerar ou retardar o progresso. Várias dessas circunstâncias dependem mesmo da vontade dos homens; para estabelecer uma paridade perfeita, fui obrigado a supor no indivíduo o poder de acelerar sua velhice, assim como a espécie tem o poder de retardar a sua. Então, havendo no estado de sociedade um termo extremo ao qual os homens podem decidir chegar mais cedo ou mais tarde, não é inútil mostrar-lhes o perigo de irem tão depressa e as misérias de uma condição que eles consideram como a perfeição da espécie.

Ante a enumeração dos males que oprimem os homens e que afirmo ser obra deles, o senhor me assegura, com Leibniz, que tudo vai bem e que a providência está justificada. Eu estava longe de acreditar que ela tivesse necessidade, para sua justificação, do socorro da filosofia leibniziana ou de qualquer outra. Pensa seriamente, o senhor mesmo, que um sistema de filosofia, seja qual for, possa ser mais irrepreensível que o universo e que, para desculpar a providência, os argumentos de um filósofo sejam mais convincentes do que as obras de Deus? De resto, negar que o mal existe é um meio muito cômodo de escusar o autor do mal. No passado, os estoicos tornaram-se ridículos por muito menos.

Segundo Leibniz e Pope, tudo o que existe está certo. Se há sociedades, é porque o bem geral quis que as houvesse; se não há, o bem geral quis que não as houvesse e, se alguém convencesse os homens a voltar a viver nas florestas, seria bom que eles voltassem para lá. Não se deve aplicar à natureza das coisas uma ideia de bem ou de mal extraída apenas de suas relações, pois elas podem ser boas relativamente ao todo, embora más em si mesmas. O que contribui ao bem geral pode ser um mal particular do qual é lícito livrarmo-nos, quando possível. Pois se esse mal, enquanto suportado, é útil ao todo, o bem contrário que buscamos pôr em seu lugar não lhe será menos útil, contanto que aconteça. Pela mesma razão de que é bom tudo ser como é, também é bom, se alguém se esforça por mudar o estado de coisas, que ele se esforce por mudá-lo; e se é bom ou mau que o consiga, é algo que se pode saber apenas com o acontecimento, não com a razão. Nada impede, nesse sentido, que o mal particular não seja um mal real para aquele que o sofre. Seria bom para o todo que fôssemos civilizados, já que o somos, mas certamente teria sido melhor para nós não o sermos. Leibniz jamais teria tirado de seu sistema algo que pudesse combater essa proposição, e é claro que o otimismo bem-compreendido não possui nada a favor nem contra mim.

Sendo assim, não é nem a Leibniz nem a Pope que devo responder, mas somente ao senhor que, sem distinguir o mal universal que eles negam do mal particular que eles não negam, afirma que basta uma coisa existir para que não seja permitido desejar que ela exista de outro modo. Ora, senhor, se tudo está bem como está, tudo estava bem como estava antes que houvesse governos e leis; portanto, foi no mínimo supérfluo estabelecê-los, e Jean-Jacques, neste seu sistema, levaria a melhor sobre Philopolis. Se tudo está bem como está da maneira como o senhor entende, para que corrigir nossos vícios, curar nossos males, reparar nossos erros? Para que servem nossas cátedras, nossos tribunais, nossas academias? Por que mandar chamar um médico quando temos febre? Como sabe se o bem maior do todo, que o senhor não conhece, não exige essa febre e se a saúde dos habitantes de Saturno ou de Sírius não sofreria com o restabelecimento da sua? Deixe tudo correr como puder a fim de que tudo vá sempre bem. Se tudo é o melhor que pode ser, devemos censurar qualquer ação, pois toda ação produz necessariamente uma mudança no estado em que estão as coisas no momento em que ela se produz; assim, não se pode tocar nada sem fazer mal, e o quietismo mais perfeito é a única virtude que resta ao homem. Enfim, se tudo está bem como está, é bom que haja lapões, esquimós, algonquinos, chicacas e caraíbas que se abstêm de nossa civilização, que haja hotentotes que zombam dela e um genebrino que as aprova. O próprio Leibniz concordaria com isso.

O homem, diz o senhor, é tal como o exigia o lugar que ele devia ocupar no universo. Mas os homens diferem tanto conforme os tempos e os lugares que, com semelhante lógica, seríamos forçados a tirar, do particular ao universal, consequências muito contraditórias e muito pouco conclusivas. Basta um erro de geografia para abalar toda essa pretensa doutrina que deduz o que deve ser daquilo que se vê. Os castores é que se abrigam em tocas, dirá o índio, o homem deve dormir ao ar livre numa rede pendurada entre as árvores. Não, não, dirá o tártaro, o homem foi feito para dormir numa carroça. Pobres coitados, exclamarão nossos Philopolis com um ar de piedade, não veem que o homem foi feito para construir cidades? Quando se trata de raciocinar sobre a natureza humana, o verdadeiro filósofo não é nem índio, nem tártaro, nem de Genebra, nem de Paris, é somente homem.

Que o macaco seja um animal, acredito e dei a razão disso; que o orangotango também o seja, é algo que o senhor teve a bondade de me ensinar e confesso que, depois dos fatos que citei, essa prova me parecia difícil. O senhor filosofa muito bem para se pronunciar sobre esse ponto tão levianamente como nossos viajantes, que às vezes se expõem, sem muita cerimônia, a colocar seus semelhantes na classe dos animais. Certamente prestará um favor ao público e instruirá até mesmo os naturalistas se nos disser que meios emprega para decidir sobre essa questão.

Em minha epístola dedicatória, felicitei minha pátria por ter um dos melhores governos que possam existir. Mostrei, no Discurso, que devia haver pouquíssimos bons governos. Não vejo onde está a contradição que observou aí. E pergunto como sabe, senhor, que eu viveria nos bosques, se minha saúde permitisse, e não entre meus concidadãos, em relação aos quais conhece minha afeição? Longe de dizer algo semelhante em minha obra, deve ter visto nela razões muito fortes para não escolher esse gênero de vida. Sinto bem, dentro de mim, como seria difícil abster-me do convívio com homens tão corruptos como eu, e mesmo o sábio, se houver algum, não buscará hoje a felicidade no fundo de um deserto. É preciso, quando se pode, fixar residência na pátria para amá-la e servi-la. Feliz aquele que, privado dessa vantagem, pode ao menos viver, entre amigos, na pátria comum do gênero humano, nesse asilo imenso aberto a todos os homens, onde se comprazem igualmente a austera sabedoria e a juventude folgazã; onde reinam a humanidade, a hospitalidade, a doçura e todos os encantos de uma sociedade fácil; onde o pobre encontra amigos, a virtude, exemplos que a animam, e a razão, guias que a esclarecem. É nesse grande teatro da fortuna, do vício e às vezes das virtudes que se pode observar com proveito o espetáculo da vida. Mas é em seu país que cada um deveria terminar em paz a sua.

Sinto que me censura bastante gravemente por uma reflexão que me parece muito justa e que, justa ou não, não tem de modo algum, no que escrevi, o sentido que o senhor quer dar-lhe pela adição de uma simples letra[36]. *Se a natureza nos destinou a ser santos*, o senhor me faz dizer, *ouso quase assegurar que o estado de reflexão é um estado antinatural e que o homem que medita é um animal depravado.* Confesso-lhe que, se tivesse confundido a saúde com a santidade, e a proposição fosse verdadeira, eu me acreditaria capaz de tornar-me um grande santo no outro mundo ou, pelo menos, de me conduzir sempre bem neste.

Concluo, senhor, respondendo a suas três últimas questões. Não abusarei do tempo que me dá para refletir sobre elas, pois é um cuidado que eu já havia tomado antes.

Um homem, ou qualquer outro ser sensível que nunca tivesse conhecido a dor, teria piedade e se comoveria à visão de uma criança sendo degolada? Respondo que não.

Por que a populaça à qual o sr. Rousseau concede uma tão grande dose de piedade se compraz tão avidamente com o espetáculo de um infeliz que morre supliciado na roda? Pela mesma razão que o senhor vai chorar no teatro e ver Seid[37] degolar o pai, ou Tieste[38] beber o sangue de seu filho. A piedade é um sentimento tão delicioso que não é

---

36. Rousseau refere-se à palavra "santos", na citação a seguir, que, pelo acréscimo de uma letra em um erro de impressão, teria substituído "sadios" (*saints* em vez de *sains*). (N.T.)

37. Personagem de *Mahomet* (1741), de Voltaire. (N.T.)

38. Personagem de *Atrée et Thyeste* (1707), de Crébillon. (N.T.)

surpreendente que as pessoas busquem senti-lo. Aliás, cada um tem uma curiosidade secreta de estudar os movimentos da natureza nas proximidades daquele momento temível que ninguém pode evitar. Junte a isso o prazer de ser durante dois meses o orador do bairro e de contar pateticamente aos vizinhos a bela morte do último supliciado.

A afeição que as fêmeas dos animais mostram por seus filhotes tem por objeto esses filhotes ou a mãe? Primeiro a mãe, para sua necessidade; depois os filhotes, por hábito. É o que digo no Discurso. *Se por acaso fosse este último, o bem-estar dos filhotes estaria mais garantido com isso.* Acredito que sim. No entanto essa máxima deve ter um alcance mais limitado, pois, tão logo os pintos saem do ovo, a galinha não parece ter necessidade deles e mesmo assim sua ternura materna não os cede a nenhuma outra.

Eis aí, senhor, minhas respostas. De resto, observe que, tanto aqui como no primeiro discurso que escrevi, sou sempre o monstro que afirma que o homem é naturalmente bom, enquanto meus adversários são sempre os homens de bem que, para a edificação pública, se esforçam por provar que a natureza fez apenas celerados.

Sou, o quanto se pode ser de alguém que não se conhece, senhor etc.

Resposta a Charles-Georges Le Roy

(...) Não sei a que se deve essa semelhança e não sei tampouco por que o homem, na falta de frutos, não pastaria a erva e não utilizaria as mãos ou as garras para desenterrar raízes, como fizeram vários dos nossos em lugares desertos [onde se alimentaram de raízes por muito tempo]. Além disso, citam-me longos invernos sem levar em conta que, em mais da metade da terra, quase não há inverno, as árvores não se desfolham e há frutos o ano todo. As razões que me opõem são sempre tiradas de Paris, de Londres ou de alguma outra cidade, enquanto procuro tirar as minhas do mundo mesmo.

A dificuldade que têm os animais carnívoros de encontrar sua presa nas terras desbravadas e cultivadas pelos homens não seria talvez a mesma se a terra inteira fosse inculta. É certo que o senhor pode colocar um gato ou um lobo em tal situação que a busca de seu alimento não lhes custará vinte minutos nas vinte e quatro horas; porém, não importa a suposição que fizer, um cavalo ou um boi sempre precisarão dedicar várias horas a pastar, e assim a desvantagem será sempre destes. De resto, em qualquer observação que se possa fazer sobre os fatos particulares, a prova de que tudo está bem-regulado se obtém de um fato geral e incontestável: é que todas as espécies subsistem. Mas concordo que podemos com frequência nos enganar, eu principalmente, quanto à escolha e à aplicação das regras.(...)

1234.**Macunaíma: o herói sem nenhum caráter** – Mário de Andrade
1235.**A máquina do tempo** – H.G. Wells
1236.**O homem invisível** – H.G. Wells
1237.**Os 36 estratagemas: manual secreto da arte da guerra** – Anônimo
1238.**A mina de ouro e outras histórias** – Agatha Christie
1239.**Pic** – Jack Kerouac
1240.**O habitante da escuridão e outros contos** – H.P. Lovecraft
1241.**O chamado de Cthulhu e outros contos** – H.P. Lovecraft
1242.**O melhor de Meu reino por um cavalo!** – Edição de Ivan Pinheiro Machado
1243.**A guerra dos mundos** – H.G. Wells
1244.**O caso da criada perfeita e outras histórias** – Agatha Christie
1245.**Morte por afogamento e outras histórias** – Agatha Christie
1246.**Assassinato no Comitê Central** – Manuel Vázquez Montalbán
1247.**O papai é pop** – Marcos Piangers
1248.**O papai é pop 2** – Marcos Piangers
1249.**A mamãe é rock** – Ana Cardoso
1250.**Paris boêmia** – Dan Franck
1251.**Paris libertária** – Dan Franck
1252.**Paris ocupada** – Dan Franck
1253.**Uma anedota infame** – Dostoiévski
1254.**O último dia de um condenado** – Victor Hugo
1255.**Nem só de caviar vive o homem** – J.M. Simmel
1256.**Amanhã é outro dia** – J.M. Simmel
1257.**Mulherzinhas** – Louisa May Alcott
1258.**Reforma Protestante** – Peter Marshall
1259.**História econômica global** – Robert C. Allen
1260(33).**Che Guevara** – Alain Foix
1261.**Câncer** – Nicholas James
1262.**Akhenaton** – Agatha Christie
1263.**Aforismos para a sabedoria de vida** – Arthur Schopenhauer
1264.**Uma história do mundo** – David Coimbra
1265.**Ame e não sofra** – Walter Riso
1266.**Desapegue-se!** – Walter Riso
1267.**Os Sousa: Uma famíla do barulho** – Mauricio de Sousa
1268.**Nico Demo: O rei da travessura** – Mauricio de Sousa
1269.**Testemunha de acusação e outras peças** – Agatha Christie
1270(34).**Dostoiévski** – Virgil Tanase
1271.**O melhor de Hagar 8** – Dik Browne
1272.**O melhor de Hagar 9** – Dik Browne
1273.**O melhor de Hagar 10** – Dik e Chris Browne
1274.**Considerações sobre o governo representativo** – John Stuart Mill
1275.**O homem Moisés e a religião monoteísta** – Freud
1276.**Inibição, sintoma e medo** – Freud
1277.**Além do princípio de prazer** – Freud
1278.**O direito de dizer não!** – Walter Riso
1279.**A arte de ser flexível** – Walter Riso
1280.**Casados e descasados** – August Strindberg
1281.**Da Terra à Lua** – Júlio Verne
1282.**Minhas galerias e meus pintores** – Kahnweiler
1283.**A arte do romance** – Virginia Woolf
1284.**Teatro completo v. 1: As aves da noite *seguido de* O visitante** – Hilda Hilst
1285.**Teatro completo v. 2: O verdugo *seguido de* A morte do patriarca** – Hilda Hilst
1286.**Teatro completo v. 3: O rato no muro *seguido de* Auto da barca de Camiri** – Hilda Hilst
1287.**Teatro completo v. 4: A empresa *seguido de* O novo sistema** – Hilda Hilst
1288.**Sapiens: Uma breve história da humanidade** – Yuval Noah Harari
1289.**Fora de mim** – Martha Medeiros
1290.**Divã** – Martha Medeiros
1291.**Sobre a genealogia da moral: um escrito polêmico** – Nietzsche
1292.**A consciência de Zeno** – Italo Svevo
1293.**Células-tronco** – Jonathan Slack
1294.**O fim do ciúme e outros contos** – Proust
1295.**A jangada** – Júlio Verne
1296.**A ilha do dr. Moreau** – H.G. Wells
1297.**Ninho de fidalgos** – Ivan Turguêniev
1298.**Jane Eyre** – Charlotte Brontë
1299.**Sobre gatos** – Bukowski
1300.**Sobre o amor** – Bukowski
1301.**Escrever para não enlouquecer** – Bukowski
1302.**222 receitas** – J. A. Pinheiro Machado
1303.**Reinações de Narizinho** – Monteiro Lobato
1304.**O Saci** – Monteiro Lobato
1305.**Memórias da Emília** – Monteiro Lobato
1306.**O Picapau Amarelo** – Monteiro Lobato
1307.**A reforma da Natureza** – Monteiro Lobato
1308.**Fábulas *seguido de* Histórias diversas** – Monteiro Lobato
1309.**Aventuras de Hans Staden** – Monteiro Lobato
1310.**Peter Pan** – Monteiro Lobato
1311.**Dom Quixote das crianças** – Monteiro Lobato
1312.**O Minotauro** – Monteiro Lobato
1313.**Um quarto só seu** – Virginia Woolf
1314.**Sonetos** – Shakespeare
1315(35).**Thoreau** – Marie Berthoumieu e Laura El Makki
1316.**Teoria da arte** – Cynthia Freeland
1317.**A arte da prudência** – Baltasar Gracián
1318.**O louco *seguido de* Areia e espuma** – Khalil Gibran
1319.**O profeta *seguido de* O jardim do profeta** – Khalil Gibran
1320.**Jesus, o Filho do Homem** – Khalil Gibran
1321.**A luta** – Norman Mailer
1322.**Sobre o sofrimento do mundo e outros ensaios** – Schopenhauer
1323.**Epidemiologia** – Rodolfo Saracci
1324.**Japão moderno** – Christopher Goto-Jones
1325.**A arte da meditação** – Matthieu Ricard
1326.**O adversário secreto** – Agatha Christie
1327.**Pollyanna** – Eleanor H. Porter

IMPRESSÃO:

PALLOTTI
GRÁFICA

Santa Maria - RS | Fone: (55) 3220.4500
www.graficapallotti.com.br